FAIRE DES DISCIPLES POUR CHRIST EN SEPT JOURS

PASTEUR OTHNEL PIERRE

ISBN-13: 978-1-4796-1313-7 (Paperback)
ISBN-13: 978-1-4796-1314-4 (ePub)

All Bible references are taken from Louis Segond 1910, Alliance Biblique Universelle.

DÉDICACES

Ce Recueil est dédié à mon père de 86 ans, Pasteur Anélus Pierre, qui m'a initié dans l'art d'aimer l'œuvre de Dieu et le Mouvement adventiste de façon désintéressée.

À Édithe Pierre, ma femme, amie, confidente et mère de mes trois enfants : Anne-France, Laur-Edine et Auguste, qui ont souffert avec moi et qui m'ont soutenu au cours de la préparation de ce livret.

À mes frères, Josué, Etzer, Bossuet, Mirtyl, Sandy et mon unique sœur, Carline, tous au service du Maître avec dévouement. Gloire soit à son nom.

À Sœur Cléramise Alexis, membre baptisé de Morija, Église adventiste du 7e Jour, Manhattan, NY, avec laquelle je partage la même date d'anniversaire de naissance. Elle m'a encouragé, ordonné même de rassembler mes sermons et messages dans un recueil. C'en est ici un avant-goût. Continue à prier pour moi Sœur Alexis !

TABLE DES MATIÈRES

INTRODUCTION

Il nous faut rompre la monotonie de notre service pour Dieu. Chaque membre d'Église devrait s'engager dans quelque service spécial pour le Maître. Que ceux qui sont bien établis dans la vérité aillent dans le voisinage et tiennent des rencontres. Que la parole de Dieu soit lue, et que les idées exprimées restent facilement compréhensibles par tous. — The Review and Herald, 5 mai 1904. VRP 147.5

« Faire des Disciples pour Christ, chaque jour, en 7 Jours » est un Petit recueil préparé par Pasteur Othnel Pierre, au cours de son ministère en 2020, dans le District Morija, Manhattan, NY et Mitspa, White Plains, NY.

Il a été rédigé en réponse à des soucis d'évangélisation personnelle au cours du confinement de l'humanité au moment où le fléau du Coronavirus, Covid-19, sévissait dans le monde.

Cependant, ce recueil peut servir à n'importe quel moment et dans n'importe quelles circonstances. L'esprit d'adaptation et de créativité de chacun déterminera son usage.

Une seule chose doit être claire : on ne peut plus se reposer seulement sur les campagnes d'évangélisation publiques dans lesquelles un seul acteur, un prédicateur-vedette et quelques assistants-évangélistes, traditionnellement connus sous l'appellation de « lecteurs bibliques », performent tandis que l'Église du Seigneur est en admiration, comme des spectateurs dans un théâtre.

Il est temps que les croyants se ressaisissent et se rappellent que chaque membre, dès son entrée dans l'Église par la voie ou du baptême ou de la profession de foi, devient un missionnaire chargé de faire avancer la croissance du royaume de Dieu.

C'est à cet effet que nous vous proposons ce Manuel d'Études, dénommé : « *Vérités Simples et Essentielles* »

La stratégie à employer est ainsi suggérée :

Le Pasteur de l'Église ou le Directeur du Département des Ministères Personnels ou le Premier Ancien, en accord avec le Comité d'Église, lance un appel à des volontaires en vue d'une évangélisation personnelle.

Ce nombre de volontaires sera déterminé par l'effectif des membres de la congrégation en question ou fixé, ayant à l'esprit l'objectif de baptêmes proposé par la Mission ou la Fédération (*Conference*) dont cette congrégation fait partie.

La liste des volontaires, sitôt complétée, un recyclage sera organisé à leur intention. Les volontaires passeront avec assiduité par un bref moment de recyclage. D'abord, les préliminaires #1 et #2, ensuite, la série d'études proprement dite. Cette série couvrira la présentation de sept sujets-clefs, autant que possible, sur plusieurs jours consécutifs.

Ces études seront partagées par les volontaires, à leur tour, avec deux personnes de leur choix parmi les parents, les enfants, les alliés, les amis, les collègues de travail, les voisins, etc. Chaque présentation s'étendra sur une durée de 15 à 30 minutes sur une fréquence de rencontres entendue entre les parties.

Une fois que les Volontaires auront étudié les sept sujets (La Foi, La Bible, Le Sabbat, L'État des Morts, Le Régime Sanitaire, Le Repas du Seigneur, Exercices de Fidélité) avec les deux personnes de leur choix, ils les orienteront vers la tenue de trois jours consécutifs de décisions ou de renforcement des décisions. Puis ce sera le baptême ou une cérémonie de réception de membres par Profession de foi. N'est-ce pas merveilleux ?

Dans Testimonies vol. 6, p. 305, 306 ou dans 'Services Chrétiens' p. 328, nous relevons cette pensée de la plume de Sœur Ellen G. White, « Tous ceux qui s'abandonnent à Dieu dans un service désintéressé en faveur de l'humanité, communient avec le Seigneur de gloire. Cette pensée adoucit l'effort, fortifie la volonté, ranime l'esprit dans n'importe quelle circonstance. »

Gagnons des âmes pour le ciel et selon la Servante du Seigneur, travaillons en vue d'une couronne incrustée d'étoiles que nous déposerons bientôt aux pieds de Jésus. Amen !

Chants thèmes suggérés :

1. 541 (H&L) Volontaires au combat
2. 530 (H&L) Debout volontaire pour les grands combats
3. 537 (H&L) Revêts tes armes, volontaire
4. Un appel vient pour des soldats

Étant donné que les autres chants sont dans notre recueil officiel Hymnes et Louanges, je vous donne le bonus du 4e morceau :

1-
Un appel vient pour des soldats
Il est pour tous.
Soldats pour le conflit,
Entends-tu l'appel ?
Répondras-tu aussi avec dévouement ? Seras-tu enrôlé comme un volontaire.

Refrain
Des volontaires pour Jésus
De vrais soldats,
D'autres sont enrôlés
Pourquoi pas toi ?
Christ est le Capitaine,
Nous n'aurons pas peur.
Seras-tu enrôlé comme un volontaire ?

2-

Oui, Jésus appelle
Des soldats courageux
Soldats qui le suivront
De près chaque jour
Lui, ce brave héros
Veut bien nous former
Seras-tu enrôlé Comme un volontaire ?

3-

Christ t'appelle aussi
Pour former des soldats
Toi-même, sois vaillant
Un leader puissant
Il te couronnera
Quand il reviendra
Seras-tu enrôlé comme un volontaire ?

PRÉLIMINAIRES #1

- Types de prière
- Connaître la place des livres de la Bible. Pour ceux qui sont intéressés, connaître également le nombre de chapitres de chaque livre.
- Apprendre à répondre aux questions liées à la Bible, comme Jésus, par un ou plusieurs textes bibliques. Marc 2 : 25 ; Luc 24 : 27
- Faire savoir à ceux que vous aurez choisi (les deux) pour les sept sujets clefs que ce n'est pas tout, mais que cela suffit pour qu'ils s'engagent avec Christ et qu'ils reçoivent le baptême.

Types de prière :

Pour les chrétiens, prier signifie : « demander avec ferveur, supplier, mendier même ». C'est une invocation ou un acte qui cherche à activer une relation, une communion avec Dieu. Nous devrions apprendre à prier. Jésus enseigna à ses disciples comment prier. Luc 11 : 1–13

Les types de prière les plus courants sont : l'Invocation, l'Intercession et la Bénédiction.

Une prière d'invocation est une requête de la présence spirituelle et la bénédiction de Dieu en ouvrant une cérémonie ou un événement, lui demandant d'entendre les prières de pétition qui lui sont offertes.

La prière d'intercession est l'acte de prier au nom des autres ou en faveur des autres. Un merveilleux modèle de prière d'intercession se trouve dans Daniel 9. Ce qui suit n'est qu'une liste partielle de ceux pour qui nous devons offrir des prières d'intercession : tous ceux qui sont en position d'autorité (public et religieux) (1 Timothée 2 : 2), ministres (Philippiens 1 : 19), amis (Job 42 : 8), compatriotes (Romains 10 : 1), les malades (Jacques 5 : 14), ennemis (Jérémie 29 : 7), ceux qui nous persécutent (Matthieu 5 : 44), ceux qui nous abandonnent (2 Timothée 4 : 16), et tous les hommes (1 Timothée 2 : 1).

La prière de bénédiction est généralement dite 1) à la clôture d'un service de culte, Nom. 6 : 24 à 27; 2 Cor. 13 : 14; Heb. 13 : 20, 21; 1 Thes. 5 : 23, 24; Rom 15 : 33 ; 2) sur les emblèmes de la sainte cène, Mat. 26 : 26–30 ; 3) sur les maisons et autres propriétés, 1 Rois 8 : 26–28.

Les Livres de la Bible

Ancien Testament

L'Ancien Testament est la première partie de la Bible dans la plupart des ouvrages du genre. Le nom représente la promesse originale de Dieu (aux descendants d'Abraham en particulier) avant la venue de Jésus-Christ dans le Nouveau Testament (ou la nouvelle promesse). L'Ancien Testament contient la création de l'univers, l'histoire des patriarches, l'exode d'Égypte, la formation d'Israël en tant que nation, le déclin et la chute ultérieurs de la nation, les prophètes (qui ont parlé au nom de Dieu) et les Livres de sagesse.

1. **Genèse : 50 chapitres.** La Genèse parle des commencements et est fondamentale à la compréhension du reste de la Bible. C'est suprêmement un livre qui parle des relations, mettant en évidence celles entre Dieu et sa création, entre Dieu et l'humanité, et entre les êtres humains.
2. **Exode : 40 chapitres.** Exode décrit l'histoire des Israélites quittant l'Égypte après l'esclavage. Le livre établit une théologie fondamentale dans laquelle Dieu révèle son nom, ses attributs, sa rédemption, sa loi et comment Il doit être adoré.
3. **Lévitique : 27 chapitres.** Lévitique tire son nom de la Septante (la traduction grecque préchrétienne de l'Ancien Testament) et signifie « à propos des Lévites » (les prêtres d'Israël). Il sert de manuel de règlements permettant au saint Roi de mettre en place son trône terrestre parmi le peuple de son royaume. Ce livre explique comment les prêtres, les lévites et le peuple doivent se comporter en tant que nation sainte et comment ils doivent, d'une manière sainte, adorer Dieu.

L'Ancien Testament est la première partie de la Bible dans la plupart des ouvrages du genre. Le nom représente la promesse originale de Dieu (aux descendants d'Abraham en particulier) avant la venue de Jésus-Christ dans le Nouveau Testament (ou la nouvelle promesse).

4. **Nombres : 36 chapitres.** Nombres relate l'histoire du voyage d'Israël du mont Sinaï aux plaines de Moab, à la frontière de Canaan. Le livre rapporte le murmure et la rébellion du peuple de Dieu et de leur jugement ultérieur.
5. **Deutéronome : 34 chapitres.** Deutéronome (« second énoncé de la Loi ») sert de rappel au peuple de Dieu au sujet de Son

alliance. Le livre représente une « pause » avant que commence la conquête de la Terre promise sous la direction de Josué. Le livre est également un rappel des exigences liées au service selon la volonté de Dieu.

6. **Josué : 24 chapitres.** Josué est une histoire de conquête et d'accomplissement par le peuple de Dieu. Après de nombreuses années d'esclavage en Égypte et 40 ans dans le désert, les Israélites ont finalement été autorisés à entrer dans la terre promise à leurs pères.
7. **Juges : 21 chapitres.** Le livre des juges dépeint la vie d'Israël dans la Terre Promise, de la mort de Josué à la montée de la monarchie. Il raconte les appels urgents lancés à Dieu par le peuple en temps de crise et d'apostasie, ce qui a rendu nécessaire la fonction des Juges suscitée par le Seigneur. Par eux, le Seigneur abaisse les oppresseurs étrangers et rétablit la paix dans le pays.
8. **Ruth : 4 chapitres.** Le livre de Ruth a été désigné comme l'un des meilleurs exemples de récit court jamais écrit. Il présente le récit d'un reste gardant la vraie foi et la piété authentique au temps des juges à travers l'affaissement et la restauration de Naomi et de sa belle-fille Ruth (ancêtre du roi David et de Jésus).
9. **1 Samuel : 31 chapitres.** 1 Samuel raconte l'établissement par Dieu d'un système politique en Israël dirigé par un roi humain. À travers la vie de Samuel, nous voyons la montée de la monarchie et la tragédie de son premier roi, Saül.
10. **2 Samuel : 24 chapitres.** Après l'échec du roi Saül, dans 1 Samuel, 2 Samuel dépeint David comme un vrai représentant (bien qu'imparfait) du roi théocratique idéal. Sous le règne de David, le Seigneur fit prospérer la nation, défait ses ennemis et réalise l'accomplissement de ses promesses.
11. **1 Rois : 22 chapitres.** 1 Rois continue le récit de la monarchie en Israël et de l'implication de Dieu par le truchement des prophètes. Après David, son fils Salomon accède au trône d'un royaume uni, mais cette unité ne dure que pendant son règne. Le livre explore

comment chaque roi ultérieur en Israël et Juda répond à l'appel de Dieu ou non comme cela arrive souvent.

12. **2 Rois : 25 chapitres.** 2 Rois continue avec le récit historique de Juda et d'Israël. Les rois de chaque nation sont jugés à la lumière de leur obéissance à l'alliance avec Dieu. En fin de compte, les peuples des deux nations sont amenés en exil à cause de leur désobéissance.
13. **1 Chroniques : 22 chapitres.** Tout comme l'auteur des livres des Rois avait organisé et interprété l'histoire d'Israël pour répondre aux besoins de la communauté exilée, l'auteur de 1 Chroniques a écrit une autre histoire pour la communauté restaurée.
14. **2 Chroniques : 36 chapitres.** 2 Chroniques continue le récit de l'histoire d'Israël avec un œil sur la restauration de ceux qui étaient revenus d'exil.
15. **Esdras : 10 chapitres.** Le livre d'Esdras raconte comment le peuple de l'alliance de Dieu a été restauré de l'exil babylonien à la terre de l'alliance en tant que communauté théocratique (royaume de Dieu), même en continuant d'être sous la domination étrangère.
16. **Néhémie : 13 chapitres.** Proche du livre d'Esdras, Néhémie relate le retour de cet « échanson du roi » et les défis auxquels, lui et les autres Israélites sont confrontés dans leur patrie restaurée.
17. **Esther : 10 chapitres.** Esther rapporte l'institution du festival annuel des Purim à travers le récit historique d'Esther, une jeune fille juive qui devient reine de Perse et sauve son peuple de la destruction.
18. **Job : 42 chapitres.** À travers une série de monologues, le livre de Job relate le récit d'un homme juste qui souffre dans des circonstances terribles. Les idées profondes du livre, ses structures littéraires et la qualité de sa rhétorique montrent le génie de l'auteur.
19. **Psaumes : 150 chapitres.** Les Psaumes sont des recueils de chants et de poèmes, répartis en cinq livres, qui représentent des siècles de louanges et de prières à Dieu sur un certain nombre de thèmes et de circonstances. Les Psaumes sont vifs, concrets et

remplis d'émotion ; ils sont riches en images, en comparaison et en métaphore.

20. **Proverbes : 31 chapitres.** Les proverbes ont été écrits pour donner de « la prudence au simple, de la connaissance et de la discrétion aux jeunes », pour rendre les sages encore plus sages. Les références fréquentes à « mon fils » mettent l'accent sur l'instruction des jeunes en les guidant vers un mode de vie qui donne des résultats enrichissants.
21. **Ecclésiastes : 12 chapitres.** L'auteur d'Ecclésiastes met sa puissance de sagesse au travail pour examiner l'expérience humaine et évaluer la situation de l'humanité. Son point de vue se limite à ce qui se passe « sous le soleil » (comme c'est le cas pour tous les enseignants humains).
22. **Cantiques des cantiques : 8 chapitres.** Dans l'ancien Israël, tout dans la vie de l'homme passait par l'expression des mots : la révérence, la gratitude, la colère, la douleur, la souffrance, la confiance, l'amitié, l'engagement. Dans le Cantique de Salomon, nous retrouvons l'amour exprimé par des mots inspirés qui révèlent son charme exquis et sa beauté comme l'un des dons les plus excellents de Dieu.
23. **Ésaïe : 66 chapitres.** Ésaïe, fils d'Amots, est souvent considéré comme le plus grand des prophètes des Saintes Écritures. Son nom signifie « Le Seigneur sauve. » Ésaïe est un livre qui dévoile toutes les dimensions du jugement et du salut de Dieu.
24. **Jérémie : 52 chapitres.** Ce livre conserve un récit du ministère prophétique de Jérémie, dont la vie personnelle et les luttes nous sont montrées en profondeur et en détails beaucoup plus que celles de tout autre prophète de l'Ancien Testament.
25. **Lamentations : 5 chapitres.** Les Lamentations, comme son nom l'indique, consistent en une série de lamentations poétiques et puissantes, relatives à la destruction de Jérusalem (la ville royale du royaume du Seigneur) en 586 av. J.-C.

26. **Ézéchiel : 48 chapitres.** L'Ancien Testament en général et les prophètes en particulier présupposent et enseignent la souveraineté de Dieu sur toute la création et le cours de l'histoire. Nulle part dans la Bible, l'initiative et le contrôle de Dieu ne s'expriment plus clairement et plus largement que dans le livre du prophète Ézéchiel.
27. **Daniel : 12 chapitres.** Le livre de Daniel résume les grands événements de la vie du prophète Daniel pendant l'exil d'Israël. Sa vie et ses visions soulignent les plans de Rédemption et du Contrôle souverain de Dieu de l'histoire.
28. **Osée : 14 chapitres.** Le prophète Osée, fils de Beéri, a vécu dans les derniers jours tragiques du royaume du Nord. Sa vie a servi de parabole de la fidélité de Dieu envers un peuple d'Israël infidèle.
29. **Joël : 3 chapitres.** Le prophète Joël a averti le peuple de Juda sur le jugement de Dieu à venir et sur la restauration et la bénédiction future qui passeront par le repentir.
30. **Amos : 9 chapitres.** Amos a prophétisé sous les règnes, d'Osias, sur Juda (792-740 av. J.-C.) et de Jéroboam II, sur Israël (793-753).
31. **Abdias : 1 chapitre.** Le prophète Abdias a averti le peuple orgueilleux d'Edom au sujet du jugement imminent qui fondra sur lui.
32. **Jonas : 4 chapitres.** Jonas est surprenant en tant que livre prophétique en ce qu'il est un récit narratif de la mission de Jonas à la ville de Ninive, sa résistance, son emprisonnement dans un grand poisson, sa visite à la ville, et le résultat qui s'ensuivit.
33. **Michée : 7 chapitres.** Michée prophétisa entre 750 et 686 av. J.-C. pendant les règnes de Jotham, Achaz et Ezéchias, rois de Juda. Israël était dans un état d'apostasie. Michée prédit la chute de sa capitale, la Samarie, et également l'inévitable désolation de Juda.
34. **Nahum : 3 chapitres.** Le livre contient la « vision de Nahum », dont le nom signifie « confort ». Le point focal de l'ensemble du livre est le jugement du Seigneur sur Ninive pour son oppression, sa cruauté, son idolâtrie et sa méchanceté.

35. **Habacuc : 3 chapitres.** On sait très peu de choses sur Habakkuk, il est seulement retenu comme étant un contemporain de Jérémie et un homme de foi vigoureuse. Le livre portant son nom contient un dialogue entre le prophète et Dieu concernant l'injustice et la souffrance.
36. **Sophonie : 3 chapitres.** Le prophète Sophonie était évidemment une personne d'une position sociale considérable en Juda et était probablement issu d'une lignée royale. L'intention de l'auteur était d'annoncer à Juda l'imminence du jugement de Dieu.
37. **Aggée : 2 chapitres.** Aggée était un prophète qui, aux côtés de Zacharie, encourageait les exilés de retour au pays à reconstruire le temple. Ses prophéties montrent clairement les conséquences de la désobéissance. Quand le peuple donne la priorité à Dieu et à son temple, ils sont bénis.
38. **Zacharie : 14 chapitres.** Comme Jérémie et Ézéchiel, Zacharie n'était pas seulement un prophète, mais aussi un membre d'une famille sacerdotale. Le but principal de Zacharie (et Aggée) était de réprimander le peuple de Juda, de l'encourager et de les motiver à achever la reconstruction du temple.
39. **Malachie : 4 chapitres.** Malachie, dont le nom signifie « mon messager », s'est adressé aux Israélites après leur retour d'exil. Le message théologique du livre peut se résumer en une phrase : le Grand Roi viendra non seulement pour juger son peuple, mais aussi pour les bénir et les restaurer.

Et « Maintenant le Nouveau Testament ».

Le Nouveau Testament est une collection de 27 livres, généralement placés après l'Ancien Testament dans la plupart des Bibles chrétiennes. Le nom fait référence à la nouvelle alliance (ou promesse) entre Dieu et l'humanité par la mort et la résurrection de Jésus-Christ. Le Nouveau Testament relate la vie et le ministère de Jésus, la croissance et l'impact de l'église primitive, et des lettres instructives aux premières églises.

1. **Matthieu : 28 chapitres.** Le but principal de Matthieu en écrivant son Évangile (la « bonne nouvelle ») est de prouver à ses lecteurs juifs que Jésus est leur Messie. Il le fait principalement en montrant comment Jésus, par sa vie et son ministère, a accompli les Écritures de l'Ancien Testament.
2. **Marc : 16 chapitres.** Puisque l'Évangile de Marc (la « bonne nouvelle ») est traditionnellement associé à Rome, il peut avoir été occasionné par les persécutions de l'église romaine dans la période c. A.D. 64–67. Marc peut avoir écrit pour préparer ses lecteurs à une telle souffrance en plaçant devant eux la vie de notre Seigneur.
3. **Luc : 24 chapitres.** L'Évangile de Luc (la « bonne nouvelle ») a été écrit pour fortifier la foi de tous les croyants et pour répondre aux attaques des incroyants. Il a été présenté pour démystifier certains récits sans fondement rapportés sur Jésus et qui n'avaient rien à voir avec lui. Luc voulait montrer que la place du chrétien gentil (le païen ou non-juif) dans le royaume de Dieu est basée sur l'enseignement de Jésus.

Le Nouveau Testament est une collection de 27 livres, généralement placés après l'Ancien Testament dans la plupart des Bibles chrétiennes. Le nom fait référence à la nouvelle alliance (ou promesse) entre Dieu et l'humanité par la mort et la résurrection de Jésus-Christ.

4. **Jean : 21 chapitres.** L'Évangile de Jean (la « bonne nouvelle ») est assez différent des trois autres. Il met en évidence des événements qui ne sont pas détaillés dans les autres. L'auteur lui-même énonce clairement son but principal en 20 : 31 : « que vous puissiez croire que Jésus est le Christ, le Fils de Dieu, et qu'en croyant que vous pouvez avoir la vie en son nom. »
5. **Actes : 28 chapitres.** Le livre des Actes établit un pont entre les écrits du Nouveau Testament et les Évangiles. Il se présente comme

un deuxième volume de l'Évangile de Luc. Il raccorde ce que Jésus « a commencé à faire et à enseigner » comme cela est rapporté dans les Évangiles avec ce qu'il a continué à faire et à enseigner à travers la prédication des apôtres et l'établissement de l'Église.

6. **Romains : 16 chapitres.** Le thème principal de Paul dans l'Épître aux Romains est la présentation de l'Évangile (la « bonne nouvelle »), le plan de salut et de justice de Dieu pour toute l'humanité, le Juif et le non-Juif.
7. **1 Corinthiens : 16 chapitres.** La première lettre aux Corinthiens tourne autour du thème des problèmes de conduite chrétienne dans l'église. Il s'agit donc de sanctification progressive, du développement continu d'un caractère saint. Évidemment, Paul était personnellement préoccupé par les problèmes des Corinthiens, prouvant ainsi le cœur d'un vrai pasteur (berger).
8. **2 Corinthiens : 13 chapitres.** En raison de l'occasion qui a incité la rédaction de cette lettre, Paul avait un certain nombre de buts à l'esprit : exprimer le réconfort et la joie qu'il ressentait parce que les Corinthiens avaient répondu favorablement à sa lettre bouleversante quand il leur fit part des problèmes qu'il a traversés dans la province d'Asie ; et de leur expliquer la vraie nature (les joies, les souffrances et les récompenses) et l'appel élevé du ministère chrétien.
9. **Galates : 6 chapitres.** Les Galates se dressent comme une apologétique éloquente et vigoureuse en faveur de la vérité essentielle du Nouveau Testament : savoir que les gens sont justifiés par la foi en Jésus-Christ, ni plus ni moins, et qu'ils sont sanctifiés non par des œuvres légalistes, mais par l'obéissance qui vient de la foi dans l'œuvre de Dieu à leur égard.
10. **Éphésiens : 6 chapitres.** Contrairement à plusieurs des autres lettres écrites par Paul, l'Épître aux Éphésiens n'aborde aucune erreur ou hérésie particulière. Paul a écrit pour élargir les horizons de ses lecteurs, afin qu'ils puissent mieux comprendre les

dimensions du but éternel et de la grâce de Dieu et en venir à apprécier les objectifs élevés que Dieu a pour l'église.

11. **Philippiens : 4 chapitres.** Le but premier de Paul en écrivant cette lettre était de remercier les Philippiens du don qu'ils lui avaient envoyé en apprenant qu'il était détenu à Rome. Cependant, il profite de cette occasion pour toucher plusieurs autres points : (1) donner un compte-rendu de sa propre situation ; (2) encourager les Philippiens à rester fermes face à la persécution et à se réjouir, quelles que soient les circonstances ; et (3) les exhorter à l'humilité et à l'unité.
12. **Colossiens : 4 chapitres.** Le but de Paul est de réfuter l'hérésie Colossienne. Pour atteindre cet objectif, il exalte le Christ comme l'image même de Dieu, le Créateur, le soutien préexistant de toutes choses, la Tête de l'Église, le premier ressuscité, la plénitude de la divinité (Dieu) sous forme corporelle, et le réconciliateur.
13. **1 Thessaloniciens : 5 chapitres.** Bien que l'orientation de la lettre soit variée, le sujet de l'eschatologie (doctrine des dernières choses) semble prédominant dans les deux lettres aux Thessaloniciens. Chaque chapitre de 1 Thessaloniciens se termine par une référence à la seconde venue du Christ.
14. **2 Thessaloniciens : 3 chapitres.** Puisque la situation dans l'église Thessalonicienne n'a changé que sensiblement, le but de Paul d'écrire cette lettre est bien le même que dans sa première lettre. Il écrit (1) pour encourager les croyants persécutés, 2) pour corriger un malentendu concernant le retour du Seigneur, et (3) pour exhorter les Thessaloniciens à être inébranlables et à travailler pour gagner leur pain quotidien.
15. **1 Timothée : 6 chapitres.** Au cours de son quatrième voyage missionnaire, Paul avait demandé à Timothée de s'occuper de l'église d'Éphèse pendant que lui se rendrait en Macédoine. Lorsqu'il s'est rendu compte qu'il ne retournerait peut-être pas à Éphèse dans un proche avenir, il écrivit cette première lettre à Timothée

pour développer en détails la mission qu'il avait confiée à son jeune assistant. C'est la première des « Épîtres pastorales ».

16. **2 Timothée : 4 chapitres.** Paul s'inquiétait du bien-être des Églises en cette période de persécution sous Néron, et il a exhorté Timothée à garder l'Évangile, à y persévérer, à continuer à le prêcher et, si nécessaire, à souffrir pour lui. C'est la deuxième « Épître pastorale ».
17. **Tite : 3 chapitres.** Apparemment, Paul a introduit le christianisme en Crète quand lui et Tite ont visité l'île. Après quoi, il a laissé Tite sur place pour organiser les convertis. Paul envoya la lettre à Zénas et Apollos, qui étaient en voyage vers un lieu qui exigea qu'ils traversent la Crète, pour donner à Tite une autorisation personnelle et des conseils au sujet de la façon de contrer l'opposition, des instructions sur la foi et la conduite, et des avertissements sur les faux docteurs (enseignants.) C'est la dernière des « Épîtres pastorales ».
18. **Philémon : 1 chapitre.** Pour obtenir de Philémon l'acceptation volontaire du retour de l'esclave fugitif Onésime à son service, Paul lui écrit avec beaucoup de tact et d'un ton léger, une lettre dans laquelle il utilise beaucoup de jeu de mots. Sa requête est organisée selon la manière prescrite par les anciens maîtres grecs et romains : établir des relations, persuader l'esprit, et toucher les émotions.
19. **Hébreux : 13 chapitres.** Le thème des Hébreux est la suprématie absolue et la souveraineté de Jésus Christ en tant que révélateur et médiateur de la grâce de Dieu. Une caractéristique frappante de cette présentation de l'Évangile est la manière unique employée par l'auteur pour exposer huit passages spécifiques des Écritures de l'Ancien Testament.
20. **Jacques : 5 chapitres.** Les caractéristiques présentes dans la lettre sont : (1) un incontestable fond juif ; (2) un accent mis sur le christianisme vital, caractérisé par de bonnes œuvres et une foi qui fonctionne (la foi authentique doit et sera accompagnée d'un

mode de vie cohérent) ; (3) son organisation est simple ; (4) et la familiarité de l'auteur avec les enseignements de Jésus parvenus à nous à travers le Sermon sur la Montagne, est évidente.

21. **1 Pierre : 5 chapitres.** Bien que 1 Pierre soit une courte lettre, elle touche à diverses doctrines et a beaucoup à dire sur la vie et les devoirs chrétiens. Il n'est pas surprenant que plusieurs lecteurs aient trouvé qu'il avait des thèmes principaux différents. Par exemple, l'épître a été caractérisée comme une lettre de séparation, de souffrance et de persécution, de souffrance et de gloire, d'espérance, de pèlerinage, de courage et comme une lettre traitant de la vraie grâce de Dieu.
22. **2 Pierre : 3 chapitres.** Dans sa première lettre, Pierre paît les agneaux du Christ en leur montrant comment faire face à la persécution qui vient de l'extérieur de l'église ; dans cette deuxième lettre, il leur apprend à éviter les faux docteurs (enseignants) et les malfaiteurs qui sont venus dans l'église.
23. **1 Jean : 5 chapitres.** Les lecteurs de Jean ont été confrontés à une forme précoce d'enseignement gnostique de la variété cérinthienne. Cette hérésie était aussi libertine, rejetant toute contrainte morale. Par conséquent, Jean a écrit cette lettre avec deux buts fondamentaux à l'esprit : (1) dénoncer les faux enseignants et (2) donner aux croyants l'assurance du salut.
24. **2 Jean : 1 chapitre.** Au cours des deux premiers siècles, l'Évangile a été prêché d'un endroit à l'autre par des évangélistes et des docteurs (enseignants) itinérants. Les croyants logeaient habituellement ces missionnaires chez eux et leur donnaient des provisions alimentaires pour leur voyage au moment du départ. Étant donné que les enseignants gnostiques utilisaient également cette pratique, 2 Jean a écrit aux croyants pour qu'ils fassent preuve de discernement dans leur soutien aux docteurs (enseignants) itinérants.
25. **3 Jean : 1 chapitre.** Les docteurs (enseignants) itinérants envoyés par Jean ont été rejetés dans l'une des églises de la province

d'Asie par un dirigeant dictatorial, Diotrèphe. Ce dernier a même excommunié les membres qui ont pratiqué l'hospitalité envers les messagers envoyés par Jean. Jean a écrit cette lettre pour féliciter Gaïus d'avoir soutenu les docteurs (enseignants) lançant indirectement un avertissement à Diotrèphe.

26. **Jude : 1 chapitre.** Bien que Jude ait été très désireux d'écrire à ses lecteurs concernant le salut, il a estimé qu'il devait plutôt les avertir de la présence de certains hommes immoraux circulant parmi eux. Ces derniers pervertissaient la grâce de Dieu. Apparemment, ces faux docteurs (enseignants) essayaient de convaincre les croyants que le fait d'être sauvé par grâce leur donnait la permission de continuer à pécher sans crainte ni tremblement puisque leurs péchés ne seraient plus retenus contre eux.
27. **Apocalypse : 22 chapitres.** Jean écrit pour encourager les fidèles à résister fermement aux exigences consistant à pratiquer le culte de l'empereur. Il informe ses lecteurs que l'épreuve de force finale entre Dieu et Satan est imminente. Satan augmentera sa persécution des croyants, mais ils doivent rester fermes, même jusqu'à la mort. Ils sont scellés contre tout mal spirituel et seront bientôt justifiés lorsque le Christ reviendra, quand les méchants seront à jamais détruits, et quand le peuple de Dieu entrera dans l'éternité de gloire et de bonheur.

PRÉLIMINAIRES #2

Techniques simples et essentielles pour présenter une étude biblique

Dans son livre *Comment préparer et donner une étude biblique* (1999), mis à jour à l'intention des Prédicateurs, Pasteurs et Laïcs, Docteur Enoch

Saintil mentionne 10 points parmi lesquels nous choisissons ceux qui sont des plus pertinents que nous répétons ici avec de légers amendements :

1. Se sentir concerné (e) par le mandat de Matthieu 28 : 18–20
2. Se livrer à une offensive de prière en vue d'une préparation personnelle
3. Se consacrer à l'étude de la Bible
4. Se consacrer à un travail assidu pour Christ
5. Cultiver et maintenir une vraie passion pour les âmes
6. Faire preuve de gentillesse même devant les menaces ou les attaques des autres
7. Ne jamais se décourager

Démarches à suivre

Trouvez-vous les deux personnes avec lesquelles vous allez étudier.

Choisissez le jour et l'heure de la rencontre.

Salutations d'usage – attendez qu'on vous invite à entrer et à vous asseoir. Dans le cas qui nous concerne (Covid-19), si la rencontre se tient par téléphone, attendez que la personne réponde et dise qu'elle est prête à participer à l'étude du jour. Si la rencontre se tient à votre domicile, trouvez-vous un endroit paisible où toute distraction peut être évitée.

Annoncez le sujet du jour.

Faites une prière d'invocation.

Commencez l'étude proprement dite.

Informez l'étudiant de la Bible du sujet pour la prochaine fois.

Prière finale et séparation. Sitôt l'étude terminée, sans autre forme de conversation, faites une prière de bénédiction ou, si les circonstances le demandent, une prière d'intercession et prenez congé de l'étudiant de la Bible. N'acceptez en aucun cas à participer à un divertissement quelconque ou à prendre nourriture ou boisson.

VÉRITÉS SIMPLES ET ESSENTIELLES #1

PRÉPARÉ PAR PASTEUR OTHNEL PIERRE – 2020

LA FOI

Foi est « pistis » en Grec. Ce mot est aussi traduit par « croyance ». On a répertorié plus de soixante-dix versets dans le NT parlant de la Foi. La Foi authentique est importante dans la vie d'un Chrétien, s'il aspire à aller au ciel.

La Foi authentique est importante dans la vie d'un Chrétien, s'il aspire à aller au ciel.

Qu'est-ce que la Foi ?

Hébreux 11 : 1, la foi est une ferme assurance des choses qu'on espère, une démonstration de celles qu'on ne voit pas.

Origine de la Foi :

Romains 10 : 17, La foi vient de ce qu'on entend, et ce qu'on entend vient de la parole de Christ.

La Foi porte des fruits

a) Persévérance / Patience, **Jacques 1 : 3**, l'épreuve de votre foi produit la patience.

b) Vision de la gloire de Dieu, **Jean. 11 : 40**, Jésus lui dit : ne t'ai-je pas dit que, si tu crois, tu verras la gloire de Dieu ?

Le seul fondement du Chrétien

a) Vivre par la Foi, **2 Corinthiens. 5 : 7**, nous marchons par la foi et non par la vue. ; Rom. 1 : 17, en lui est révélée la justice de Dieu par la foi et pour la foi, selon qu'il est écrit : le juste vivra par la foi.
b) La Foi est clé, **Hébreux. 11 : 6**, sans la foi il est impossible de lui être agréable ; car il faut que celui qui s'approche de Dieu croie que Dieu existe, et qu'il est le rémunérateur de ceux qui le cherchent.

La Foi doit être accompagnée d'action

a) Pour qu'elle reste en vie, **Jacques 2 : 17**, Il en est ainsi de la foi : si elle n'a pas les œuvres, elle est morte en elle-même.
b) Pour vérification, **Marc 16 : 16**, celui qui croira et qui sera baptisé sera sauvé, mais celui qui ne croira pas sera condamné.
c) Pour sauver votre âme, **Hébreux 10 : 38, 39**, Mon juste vivra par la foi ; mais, s'il se retire, mon âme ne prend pas plaisir en lui. 39, nous, nous ne sommes pas de ceux qui se retirent pour se perdre, mais de ceux qui ont la foi pour sauver leur âme.

La Foi fait de vous un enfant de Dieu

Jean 1 : 12, 13, à tous ceux qui l'ont reçue, à ceux qui croient en son nom, elle a donné le pouvoir de devenir enfants de Dieu, lesquels sont nés, 13 non du sang, ni de la volonté de la chair, ni de la volonté de l'homme, mais de Dieu.

La Foi vous donne l'assurance du ciel

2 Timothée 4 : 7, 8, j'ai combattu le bon combat, j'ai achevé la course, j'ai gardé la foi. 8 Désormais la couronne de justice m'est réservée ; le Seigneur, le juste juge, me la donnera dans ce jour-là, et non seulement à moi, mais encore à tous ceux qui auront aimé son avènement.

Questions :

1. Avez-vous Foi en Dieu ?
2. Est-ce important d'avoir Foi en Dieu ?
3. Que devez-vous faire pour prouver à tous que vous avez foi en Dieu ?

VÉRITÉS SIMPLES ET ESSENTIELLES #2

PRÉPARÉ PAR PASTEUR OTHNEL PIERRE – 2020

LA BIBLE

La Bible est un livre saint. C'est le message de Dieu en deux Testaments, Ancien et Nouveau, pour le salut de l'humanité. Elle a été rédigée par des gens de vécus différents sur une période de quinze siècles. Les mots ne sont pas inspirés, c'est le message qui est inspiré. Le Saint-Esprit veille à ce que le message céleste ne soit ni altéré, ni dégradé, ni souillé.

1. Prêtez attention à la Parole

a) **Proverbes 4 : 20, 21**, Mon fils, sois attentif à mes paroles, Prête l'oreille à mes discours. 21 Qu'ils ne s'éloignent pas de tes yeux ; Garde-les dans le fond de ton cœur.

b) **2 Pierre 1 : 19–21**, Nous tenons pour d'autant plus certaine la parole prophétique, à laquelle vous faites bien de prêter attention, comme à une lampe qui brille dans un lieu obscur, jusqu'à ce que le jour vienne à paraître et que l'étoile du matin se lève dans vos cœurs ; 20 sachant tout d'abord vous-mêmes qu'aucune prophétie de l'Écriture ne peut être un objet d'interprétation particulière, 21 car ce n'est pas par une volonté d'homme qu'une prophétie a jamais été apportée, mais c'est poussés par le Saint-Esprit que des hommes ont parlé de la part de Dieu.

2. La parole du Seigneur est irréprochable.

a. **Proverbes 30 : 5**, toute parole de Dieu est éprouvée. Il est un bouclier pour ceux qui cherchent en lui un refuge.

b. **2 Samuel 22 : 31** les voies de Dieu sont parfaites, la parole de l'Éternel est éprouvée ; il est un bouclier pour tous ceux qui se confient en lui.

c. **Psaumes 119 : 160**, le fondement de ta parole est la vérité, et toutes les lois de ta justice sont éternelles.

d. **Ps. 19 : 7**, la loi de l'Éternel est parfaite, elle restaure l'âme ; le témoignage de l'Éternel est véritable, il rend sage l'ignorant.

3. La parole du Seigneur est éternelle.

a. **Matthieu. 5 : 18**, je vous le dis en vérité, tant que le ciel et la terre ne passeront point, il ne disparaîtra pas de la loi un seul iota ou un seul trait de lettre, jusqu'à ce que tout soit arrivé.

b. **1 Pierre 1 : 23**, vous avez été régénérés, non par une semence corruptible, mais par une semence incorruptible, par la parole vivante et permanente de Dieu.

4. Avantages de la parole du Seigneur

a. **2 Timothée 3 : 16, 17**, toute Écriture est inspirée de Dieu et utile pour enseigner, pour convaincre, pour corriger, pour instruire dans la justice, 17 afin que l'homme de Dieu soit accompli et propre à toute bonne œuvre.
b. **Jean 15 : 7**, si vous demeurez en moi, et que mes paroles demeurent en vous, demandez ce que vous voudrez, et cela vous sera accordé.
c. **Psaumes 119 : 11**, je serre ta parole dans mon cœur, Afin de ne pas pécher contre toi.
d. **Jean 5 : 39**, Vous sondez les Écritures, parce que vous pensez avoir en elles la vie éternelle : ce sont elles qui rendent témoignage de moi.

5. L'obéissance à la Parole du Seigneur est primordiale

a. **Job. 23 : 12**, je n'ai pas abandonné les commandements de ses lèvres ; j'ai fait plier ma volonté aux paroles de sa bouche.
b. **Actes 2 : 41**, Ceux qui acceptèrent sa parole furent baptisés et, en ce jour-là, le nombre des disciples augmenta d'environ trois mille âmes.

Questions :

1. La Bible vous dit-elle quoi faire pour avoir la vie éternelle ?
2. Pouvez-vous devenir une meilleure personne simplement en pratiquant les instructions de la Bible
3. Est-il bon de connaître les enseignements de la Bible ?

VÉRITÉS SIMPLES ET ESSENTIELLES #3

PRÉPARÉ PAR PASTEUR OTHNEL PIERRE

LE SABBAT

Dans la Bible, nous avons découvert plus de 15 versets parlant du jour du repos ou du jour du Sabbat. Le Sabbat a une durée de 24 heures, un soir et un matin, comme dans Genèse 1 : 5. Il commence le vendredi au couchant du soleil et se termine le samedi au couchant du soleil. Seul le peuple de Dieu obéit à la voix de Dieu. Dans les versets que nous allons voir, nous examinerons ce que le Seigneur demande à son peuple de pratiquer au jour d'adoration. Tous ceux qui veulent faire partie du peuple de Dieu suivront l'exemple de Dieu.

Tous ceux qui veulent faire partie du peuple de Dieu suivront l'exemple de Dieu.

Institution du Sabbat

a. **Genèse 2 : 3**, Dieu bénit le septième jour, et il le sanctifia, parce qu'en ce jour il se reposa de toute son œuvre qu'il avait créée en la faisant.

b. **Exode 20 : 8–11**, souviens-toi du jour du repos, pour le sanctifier. 9 Tu travailleras six jours, et tu feras tout ton ouvrage. 10 Mais le septième jour est le jour du repos de l'Éternel, ton Dieu : tu ne feras aucun ouvrage, ni toi, ni ton fils, ni ta fille, ni ton serviteur, ni ta servante, ni ton bétail, ni l'étranger qui est dans tes portes.

11 Car en six jours l'Éternel a fait les cieux, la terre et la mer, et tout ce qui y est contenu, et il s'est reposé le septième jour : c'est pourquoi l'Éternel a béni le jour du repos et l'a sanctifié. (Dans la brochure de l'Ecole du Sabbat « Comment interpréter les Écritures » deuxième trimestre 2020, Dr. Elias de Souza déclare : « Le Sabbat du septième jour subit des attaques nourries dans la société sécularisée et dans les communautés religieuses. » Le commandement du Sabbat est la base de l'adoration du Créateur. Apocalypse 14 : 7. C'est autour de ce thème, l'adoration, que tourneront les événements des derniers jours.)

c. **Marc 2 : 27, 28**, puis il leur dit : le Sabbat a été fait pour l'homme, et non l'homme pour le Sabbat, 28 de sorte que le Fils de l'homme est maître même du Sabbat. (Le sabbat a été fait pour le bien et les délices de l'homme. Le Sabbat n'était pas pour le peuple hébreu seulement mais pour toute l'humanité.)

Le Sabbat : signe de Dieu et délices de l'homme

a. **Ézéchiel 20 : 19–20**, Je suis l'Éternel, votre Dieu. Suivez mes préceptes, observez mes ordonnances, et mettez-les en pratique. 20 Sanctifiez mes Sabbats, et qu'ils soient entre moi et vous un Signe auquel on connaisse que je suis l'Éternel, votre Dieu.

b. **Ésaïe 58 : 13–14**, « Si tu retiens ton pied pendant le Sabbat, Pour ne pas faire ta volonté en mon saint jour, Si tu fais du Sabbat tes délices, Pour sanctifier l'Éternel en le glorifiant, Et si tu l'honores en ne suivant point tes voies, En ne te livrant pas à tes penchants et à de vains discours, 14 Alors tu mettras ton plaisir en l'Éternel, Et je te ferai monter sur les hauteurs du pays, Je te ferai jouir de l'héritage de Jacob, ton père ; Car la bouche de l'Éternel a parlé.

Le jour de repos de Dieu pour le peuple de Dieu. »

a. **Matthieu 12 : 12**, « Combien un homme ne vaut-il pas plus qu'une brebis ! Il est donc permis de faire du bien les jours de Sabbat. »

b. **Lévitique 23 : 3**, On travaillera six jours ; mais le septième jour est le Sabbat, le jour du repos : il y aura une sainte convocation. Vous ne ferez aucun ouvrage : c'est le Sabbat de l'Éternel, dans toutes vos demeures.
c. Il y a un jour de repos pour le peuple de Dieu. Qu'aucun de vous ne paraisse être venu trop tard. « Trop tard un jour devant ma porte, tu frapperas peut-être en vain. » C'est ce que déclare **Hébreux 4 : 1, 9–11**, « Craignons donc, tandis que la promesse d'entrer dans son repos subsiste encore, qu'aucun de vous ne paraisse être venu trop tard. Il y a donc un repos de Sabbat réservé au peuple de Dieu. 10 Car celui qui entre dans le repos de Dieu se repose de ses œuvres, comme Dieu s'est reposé des siennes. 11 Efforçons-nous donc d'entrer dans ce repos, afin que personne ne tombe en donnant le même exemple de désobéissance. »

Quelques-uns des versets prétextes évoqués contre le Sabbat :

a. **Romains 14 : 5**, Tel fait une distinction entre les jours ; tel autre les estime tous égaux. Que chacun ait en son esprit une pleine conviction.
b. **Colossiens 2 : 16–17**, Que personne donc ne vous juge au sujet du manger ou du boire, ou au sujet d'une fête, d'une nouvelle lune, ou des sabbats : 17 c'était l'ombre des choses à venir, mais le corps est en Christ.

Le Sabbat du 7e jour était là, dès la Création, bien avant les sabbats cérémoniels. Ces derniers sont venus après le péché.

Ces deux versets ne parlent pas du Sabbat du 7e jour mais des sabbats cérémoniels. Le Sabbat du 7e jour était là, dès la Création, bien avant les sabbats cérémoniels. Ces derniers sont venus après le péché. C'est pourquoi ils constituent l'ombre des choses à venir. L'ombre est créée par le blocage d'une source de lumière. Avant le péché, il n'y avait pas cet obstacle.

Quelques-uns des versets les plus convaincants sur le Sabbat :

a. **Luc 4 : 16**, (parlant de Jésus) Il se rendit à Nazareth, où il avait été élevé, et, selon sa coutume, il entra dans la synagogue le jour du Sabbat. Il se leva pour faire la lecture.

b. **Matthieu 28 : 1**, (ce verset nous permet de pouvoir identifier les jours : premier, deuxième, troisième, quatrième, cinquième, sixième, septième). Après le Sabbat, à l'aube du premier jour de la semaine, Marie de Magdala et l'autre Marie allèrent voir le sépulcre.

c. **Actes 17 : 1–4**, Paul et Silas passèrent par Amphipolis et Apollonie, et ils arrivèrent à Thessalonique, où les Juifs avaient une synagogue. 2 Paul y entra, selon sa coutume. Pendant trois Sabbats, il discuta avec eux, d'après les Écritures, 3 expliquant et établissant que le Christ devait souffrir et ressusciter des morts. Et Jésus que je vous annonce, disait-il, c'est lui qui est le Christ. 4 Quelques-uns d'entre eux furent persuadés et se joignirent à Paul et à Silas, ainsi qu'une grande multitude de Grecs craignant Dieu, comme beaucoup de femmes de qualité.

d. **Exode 16 : 1–30, Le miracle de la Manne**. – C'est un type d'arbre de la connaissance du bien et du mal. 1. Toute l'assemblée des enfants d'Israël partit d'Élim, et ils arrivèrent au désert de Sin, qui est entre Élim et Sinaï, le quinzième jour du second mois après leur sortie du pays d'Égypte. 2 Et toute l'assemblée des enfants d'Israël murmura dans le désert contre Moïse et Aaron. 3. Les enfants d'Israël leur dirent : Que ne sommes-nous morts par la main de l'Éternel dans le pays d'Égypte, quand nous étions assis près des pots de viande, quand nous mangions du pain à satiété ? car vous nous avez menés dans ce désert pour faire mourir de faim toute cette multitude. 4 L'Éternel dit à Moïse : Voici, je ferai pleuvoir pour vous du pain, du haut des cieux. Le peuple sortira, et en ramassera, jour par jour, la quantité nécessaire, afin que je le mette à l'épreuve, et que je voie s'il marchera, ou non, selon ma loi. 5. Le sixième jour, lorsqu'ils prépareront ce qu'ils auront apporté, il s'en trouvera le double de ce qu'ils ramasseront jour par jour. 6. Moïse et Aaron dirent à tous les enfants d'Israël : Ce soir, vous comprendrez que c'est l'Éternel qui vous a fait sortir du pays d'Égypte. 7. Et, au matin, vous verrez la gloire de l'Éternel, parce qu'il a entendu vos murmures contre l'Éternel ; car que sommes-nous, pour que vous murmuriez contre nous ? 8. Moïse dit : L'Éternel vous donnera ce soir de la viande à manger, et au matin du pain à satiété, parce que l'Éternel a entendu les murmures que vous avez proférés contre lui ; car que sommes-nous ? Ce n'est pas contre nous que sont vos murmures, c'est contre l'Éternel. 9. Moïse dit à Aaron : Dis à toute l'assemblée des enfants d'Israël : Approchez-vous devant l'Éternel, car il a entendu vos murmures. 10 Et tandis qu'Aaron parlait à toute l'assemblée des enfants d'Israël, ils se tournèrent du côté du désert, et voici, la gloire de l'Éternel parut dans la nuée. 11. L'Éternel, s'adressant à Moïse, dit : 12. J'ai entendu les murmures des enfants d'Israël. Dis-leur : Entre les deux soirs vous mangerez de la viande, et au matin vous vous rassasierez de pain ; et vous saurez que je suis l'Éternel, votre Dieu. 13. Le soir, il survint des cailles qui couvrirent le camp ; et, au matin, il y eut une couche de rosée autour du camp. 14. Quand cette rosée fut dissipée, il y avait à la surface du désert quelque chose de menu comme des grains, quelque chose de menu comme la gelée blanche sur la terre. 15. Les enfants d'Israël regardèrent et ils se dirent l'un à l'autre : Qu'est-ce que cela ? car ils ne savaient pas ce que c'était. Moïse leur dit : C'est le pain que L'Éternel vous donne pour nourriture. 16. Voici ce que l'Éternel a ordonné : Que chacun de vous en ramasse ce qu'il faut pour sa nourriture, un omer par tête, suivant le nombre de vos personnes ; chacun en prendra pour ceux qui sont dans sa tente. 17. Les Israélites firent ainsi ; et ils en ramassèrent les uns en plus, les autres moins. 18. On mesurait ensuite avec l'omer ; celui qui avait ramassé plus n'avait rien de trop, et celui qui avait ramassé moins n'en manquait pas. Chacun ramassait ce qu'il fallait pour sa nourriture. 19. Moïse leur dit : Que personne n'en laisse jusqu'au matin. 20. Ils n'écoutèrent pas Moïse, et il y eut des gens qui en laissèrent jusqu'au matin ; mais il s'y mit des vers, et cela devint infect. Moïse fut irrité contre ces gens. 21. Tous les matins, chacun ramassait ce qu'il fallait pour sa nourriture ; et quand venait la chaleur du soleil, cela fondait. 22. Le sixième jour, ils ramassèrent une quantité double de nourriture, deux omers pour chacun. Tous les principaux de l'assemblée vinrent le rapporter à Moïse. 23. Et Moïse leur dit : C'est ce que l'Éternel a ordonné. Demain est le jour du repos, le sabbat consacré à l'Éternel ; faites cuire ce que vous avez à faire cuire, faites bouillir ce que vous avez à faire bouillir, et mettez en réserve jusqu'au matin tout ce qui restera. 24. Ils le laissèrent jusqu'au matin, comme Moïse l'avait ordonné ; et cela ne devint point infect, et il ne s'y mit point de vers. 25. Moïse dit : Mangez-le aujourd'hui, car c'est le jour du sabbat ; aujourd'hui vous n'en trouverez point dans la campagne. 26. Pendant six jours vous en ramasserez ; mais le septième jour, qui est le sabbat, il n'y en aura point. 27. Le septième jour, quelques-uns du peuple sortirent pour en ramasser, et ils n'en trouvèrent point. 28. Alors l'Éternel dit à Moïse : Jusqu'à quand refuserez-vous d'observer mes commandements et mes lois ? 29. Considérez que l'Éternel vous a donné le Sabbat ; c'est pourquoi il vous donne au sixième jour de la nourriture pour deux jours. Que chacun reste à sa place, et que personne ne sorte du lieu où il est au septième jour. 30. Et le peuple se reposa le septième jour.

Questions :

1. De quel jour est-il dit, dans la Bible, que Dieu a accordé une bénédiction ?
2. Périrez-vous si vous ne faites pas un effort pour être un observateur du Sabbat ?
3. La Bible a donné quelques exemples de gens qui ont observé le Sabbat, ne voulez-vous pas être l'un d'eux ?

VÉRITÉS SIMPLES ET ESSENTIELLES #4 – 2020

PRÉPARÉ PAR PASTEUR OTHNEL PIERRE

L'ÉTAT DES MORTS

Nous avons compté plus de 22 versets bibliques à propos de la mort dans les Saintes Écritures. Le sujet parlant de l'État des morts a besoin d'une attention particulière et spéciale. C'est un sujet difficile et délicat. C'est une notion qui exige la plus grande dose de foi en Dieu et en sa Parole, en raison des croyances populaires qui disent que quand quelqu'un meurt, il/elle va au ciel ou participe encore à ce qui se fait sur la terre, d'une part ; et d'autre part, en raison des phénomènes spirites – lecture psychique, séances, prophétie, clairvoyance, clairaudience, don de langues, agitations des mains, guérisons dites « divines », visions, transe, révélations, raps, lévitation, et toute autre manifestation supportant l'idée de continuité de la vie après la mort. Je préfère suivre ce que dit la Bible.

Que sait quelqu'un qui est mort ? La Bible dit dans : **Ecclésiastes 9 : 5, 6**, les vivants, en effet, savent qu'ils mourront ; mais les morts ne savent rien, et il n'y a pour eux plus de salaire, puisque leur mémoire est oubliée. 6. Et leur amour, et leur haine, et leur envie, ont déjà péri ; et ils n'auront plus jamais aucune part à tout ce qui se fait sous le soleil.

Que devient quelqu'un qui est mort ? Ps. 30 : 10, la poussière a-t-elle pour toi des louanges ?

a. **Genèse 3 : 19**, c'est à la sueur de ton visage que tu mangeras du pain, jusqu'à ce que tu retournes dans la terre, d'où tu as été pris ; car tu es poussière, et tu retourneras dans la poussière.
b. **Daniel 12 : 2**, Plusieurs de ceux qui dorment dans la poussière de la terre se réveilleront, les uns pour la vie éternelle, et les autres pour l'opprobre, pour la honte éternelle.
c. **Jean. 5 : 28, 29**, ne vous étonnez pas de cela ; car l'heure vient où tous ceux qui sont dans les sépulcres entendront sa voix, et en sortiront. 29 Ceux qui auront fait le bien ressusciteront pour la vie, mais ceux qui auront fait le mal ressusciteront pour le jugement.
d. **Job 7 : 21**, que ne pardonnes-tu mon péché, Et que n'oublies-tu mon iniquité ? Car je vais me coucher dans la poussière ; Tu me chercheras, et je ne serai plus.

L'idée de quelqu'un qui est mort et qui monte au ciel est absurde. Sinon, 1) tous se dépêcheraient pour mourir. 2) nous n'aurions pas besoin de résurrection.

Résurrection et Immortalité des justes – L'homme recevra l'immortalité à la résurrection

a. **Jean 11 : 25, 26**, Jésus lui dit : Je suis la résurrection et la vie. Celui qui croit en moi vivra, quand même il serait mort ; 26 et quiconque vit et croit en moi ne mourra jamais. Crois-tu cela ?

b. **1 Thessaloniciens 4 : 16, 17**, le Seigneur lui-même, à un signal donné, à la voix d'un archange, et au son de la trompette de Dieu, descendra du ciel, et les morts en Christ ressusciteront premièrement. 17. Ensuite, nous les vivants, qui seront restés, nous serons tous ensemble enlevés avec eux sur des nuées, à la rencontre du Seigneur dans les airs, et ainsi nous serons toujours avec le Seigneur.

Certains des versets prétextes : – 1 Samuel 28 parle de Saul qui consulta la magicienne d'En-Dor. Voyez le verset 11 ! « Qui veux-tu que je te fasse monter ? – et non descendre.

a. **Philippiens 1 : 23, 24**, Je suis pressé des deux côtés : j'ai le désir de m'en aller et d'être avec Christ, ce qui de beaucoup est le meilleur ; 24 mais à cause de vous il est plus nécessaire que je demeure dans la chair. (Ce qui signifie : être avec Christ à son prochain retour.)

b. **Luc 23 : 46**, Jésus s'écria d'une voix forte : Père, je remets mon esprit entre tes mains. Et, en disant ces paroles, il expira. (ruah en hébreu, pneuma en grec, le souffle, va à Dieu qui l'a donné – Eccl. 12 : 7, Gen. 2 : 7)

c. **Matthieu 10 : 28**, Ne craignez pas ceux qui tuent le corps et qui ne peuvent tuer l'âme ; craignez plutôt celui qui peut faire périr l'âme et le corps dans la géhenne. (Ce qui signifie que quelque chose peut tuer l'âme – l'âme n'est pas immortelle. 1 Cor. 15 : 45 ;

Gen. 2 : 7 (Darby) L'Éternel Dieu forma l'homme, poussière du sol. Il souffla dans ses narines une respiration de vie et l'homme devint une âme vivante. Équation : poussière + souffle = âme vivante ; poussière – souffle = âme morte).

Source et Rôle du Spiritisme

a. **Genèse 3 : 4**, Le serpent dit à la femme : Vous ne mourrez point. – C'est ici la base du Spiritisme. Sur cette base, les morts sont plus vivants dans leur état de décédés que lorsqu'ils étaient vivants.

b. **Matthieu 24 : 24, 25**, Il s'élèvera de faux Christs et de faux prophètes ; ils feront de grands prodiges et des miracles, au point de séduire, s'il était possible, même les élus. 25 Voici, je vous l'ai annoncé d'avance. – Les faux-christs se serviront du spiritisme.

c. **1 Timothée 4 : 1**, L'Esprit dit expressément que, dans les derniers temps, quelques-uns abandonneront la foi, pour s'attacher à des esprits séducteurs et à des doctrines de démons. – Plusieurs seront séduits.

d. **Apocalypse 16 : 14**, Ce sont des esprits de démons, qui font des prodiges, et qui vont vers les rois de toute la terre, afin de les rassembler pour le combat du grand jour du Dieu tout-puissant.

e. **1 Corinthiens 10 : 20**, Je dis que ce qu'on sacrifie, on le sacrifie à des démons, et non à Dieu ; or, je ne veux pas que vous soyez en communion avec les démons.

f. **Galates 5 : 19–21**, Les œuvres de la chair sont manifestes, ce sont l'impudicité, l'impureté, la dissolution, 20 l'idolâtrie, la magie, les inimitiés, les querelles, les jalousies, les animosités, les disputes, les divisions, les sectes, 21 l'envie, l'ivrognerie, les excès de table, et les choses semblables. Je vous dis d'avance, comme je l'ai déjà dit, que ceux qui commettent de telles choses n'hériteront point le royaume de Dieu.

Questions :

1. Préférez-vous écouter les croyances populaires ou la Bible ?
2. Satan et ses disciples déguisés disent-ils toujours le mensonge ?
3. À votre avis, qu'arrivera-t-il à des personnes qui continuent de croire que les morts font toujours partie de leurs activités quotidiennes ?
4. Que voulez-vous faire, maintenant que vous savez la vérité sur l'État des Morts ? Je veux prier pour vous.

VÉRITÉS SIMPLES ET ESSENTIELLES #5

PAR PASTEUR OTHNEL PIERRE – 2020

LES PRINCIPES DE SANTÉ

Notre corps étant le temple du Saint-Esprit, nous devons en prendre soin intelligemment. En plus d'un exercice physique et d'un repos adéquats, nous devons adopter le régime alimentaire le plus sain possible et nous abstenir des aliments malsains mentionnés comme tels dans les Écritures.

Les boissons alcoolisées, le tabac et l'usage des drogues et des narcotiques étant préjudiciables à notre corps, nous devons également nous en abstenir. En revanche, nous userons de tout ce qui est de nature à soumettre notre corps et nos pensées à l'autorité du Christ, qui désire nous voir en bonne santé, heureux et épanouis.

Dieu se soucie des malades.

a. **Matthieu 9 : 12**, Ce que Jésus ayant entendu, il dit : ce ne sont pas ceux qui se portent bien qui ont besoin de médecin, mais les malades.
b. **Matthieu 10 : 8** Guérissez les malades, ressuscitez les morts, purifiez les lépreux, chassez les démons. Vous avez reçu gratuitement, donnez gratuitement. (C'est ce que Jésus demanda à ses disciples d'accomplir).
c. **Psaumes 147 : 3** Il guérit ceux qui ont le cœur brisé, Et il panse leurs blessures. (C'est le plus grand souci du ciel).
d. **Exode 23 : 25**, Vous servirez l'Éternel, votre Dieu, et il bénira votre pain et vos eaux, et j'éloignerai la maladie du milieu de toi. (Il faut le servir).

Conseils de Santé divers

a. **Ecclésiastes 11 : 10**, Bannis de ton cœur le chagrin, et éloigne le mal de ton corps ; car la jeunesse et l'aurore sont vanité.
b. **Matthieu 6 : 27**, Qui de vous, par ses inquiétudes, peut ajouter une coudée à la durée de sa vie ? (Evitez-les).
c. **1 Timothée 4 : 8**, Exerce-toi à la piété ; car l'exercice corporel est utile à peu de chose, tandis que la piété est utile à tout, ayant la promesse de la vie présente et de celle qui est à venir. (Pratiquez).
d. **Proverbes 17 : 22**, Un cœur joyeux est un bon remède, Mais un esprit abattu dessèche les os. (Quoiqu'il arrive, ayez toujours le sourire).

Les enfants de Dieu sont appelés à la sanctification (Pour combattre et éviter la maladie).

a. **Daniel 1 : 8**, Daniel résolut de ne pas se souiller par les mets du roi et par le vin dont le roi buvait, et il pria le chef des eunuques de ne pas l'obliger à se souiller.
b. **Rom. 12 : 1**, Je vous exhorte donc, frères, par les compassions de Dieu, à offrir vos corps comme un sacrifice vivant, saint, agréable à Dieu, ce qui sera de votre part un culte raisonnable.
c. **Colossiens 2 : 21**, Ne prends pas ! Ne goûte pas ! Ne touche pas !
d. **1 Pierre 2 : 9**, Vous, au contraire, vous êtes une race élue, un sacerdoce royal, une nation sainte, un peuple acquis, afin que vous annonciez les vertus de celui qui vous a appelés des ténèbres à son admirable lumière.

Sanctification du corps et de l'esprit (Si vous savez que quelqu'un pratique ce qui est désagréable au Seigneur…).

a. **2 Corinthiens 6 : 17, 18**, C'est pourquoi, Sortez du milieu d'eux, Et séparez-vous, dit le Seigneur ; Ne touchez pas à ce qui est impur, Et je vous accueillerai. 18 Je serai pour vous un père, Et vous serez pour moi des fils et des filles, Dit le Seigneur tout puissant. (Ps. 27 : 10.)
b. **3 Jean 1 : 2**, Bien-aimé, je souhaite que tu prospères à tous égards et sois en bonne santé, comme prospère l'état de ton âme.

Manger et boire, cela fait partie de la religion

a. **1 Corinthiens 10 : 31**, Soit donc que vous mangiez, soit que vous buviez, soit que vous fassiez quelque autre chose, faites tout pour la gloire de Dieu.
b. **Lévitique 11 : et Deutéronome 14** – nous disent quels sont les animaux, les oiseaux, les poissons à consommer :

Parmi les animaux qui vivent sur terre, si nous considérons comme négligeables les reptiles, ceux qui sont comestibles (mangeables) sont ceux qui remplissent ces trois conditions : la corne fendue, le pied fourchu et qui ruminent. Parmi les animaux qui sont dans les eaux, ils doivent remplir deux conditions : des nageoires et des écailles. Parmi les oiseaux, il faut éviter les grimpeurs (pic-vert, perroquet), les oiseaux de proie (malfini, aigle), les oiseaux nocturnes (hiboux, chouettes) et ceux qui ont les pieds palmés (canards, oies).

Pratiquez le régime originel. (autant que faire se peut) – **Genèse 1 : 29**, Dieu dit : Voici, je vous donne toute herbe portant de la semence et qui est à la surface de toute la terre, et tout arbre ayant en lui du fruit d'arbre et portant de la semence : ce sera votre nourriture.

Triompher de l'intempérance. – **1 Corinthiens 9 : 25**, Tous ceux qui combattent s'imposent toute espèce d'abstinences, et ils le font pour obtenir une couronne corruptible ; mais nous, faisons-le pour une couronne incorruptible.

Boissons alcoolisées – (À côté des viandes, comme nourriture, Dieu parle aussi des boissons, des stimulants et des narcotiques).

a. **Prov. 20 : 1** ; Le vin est moqueur, les boissons fortes sont tumultueuses ; Quiconque en fait excès n'est pas sage.
b. **Proverbes 23 : 29–33** ; Pour qui les ah ? Pour qui les hélas ? Pour qui les disputes ? Pour qui les plaintes ? Pour qui les blessures sans raison ? Pour qui les yeux rouges ? 30 Pour ceux qui s'attardent auprès du vin, Pour ceux qui vont déguster du vin mêlé. 31 Ne regarde pas le vin qui paraît d'un beau rouge, Qui fait des perles dans la coupe, Et qui coule aisément. 32 Il finit par mordre comme un serpent, Et par piquer comme un basilic. 33 Tes yeux se porteront sur des étrangères, Et ton cœur parlera d'une manière perverse.
c. **Lévitique 10 : 9, 10** ; Tu ne boiras ni vin, ni boisson enivrante, toi et tes fils avec toi, lorsque vous entrerez dans la tente d'assignation, de peur que vous ne mouriez : ce sera une loi perpétuelle parmi

vos descendants, 10 afin que vous puissiez distinguer ce qui est saint de ce qui est profane, ce qui est impur de ce qui est pur,

d. **Éphésiens 5 : 18** ; Ne vous enivrez pas de vin : c'est de la débauche. Soyez, au contraire, remplis de l'Esprit.
e. **1 Timothée 3 : 3**, Il faut qu'il ne soit ni adonné au vin, ni violent, mais indulgent, pacifique, désintéressé.
f. **1 Corinthiens 5 : 11**, Interdiction même de manger avec une personne qui se dit chrétien et qui est ivrogne. « Ce que je vous ai écrit, c'est de ne pas avoir des relations avec quelqu'un qui, se nommant frère, est impudique, ou cupide, ou idolâtre, ou outrageux, ou ivrogne, ou ravisseur, de ne pas même manger avec un tel homme.

Stimulants et narcotiques. – (Tabac, caféine et Drogues) **Deutéronome 29 : 18**, Qu'il n'y ait parmi vous ni homme, ni femme, ni famille, ni tribu, dont le cœur se détourne aujourd'hui de l'Éternel, notre Dieu, pour aller servir les dieux de ces nations-là. Qu'il n'y ait point parmi vous de racine qui produise du poison et de l'absinthe.

Signification de la vision de Pierre. – (Certains prennent la vision de la nappe de Pierre comme un prétexte pour manger n'importe quoi. En voici la signification :) **Actes 10 : 28, 34, 35**, …28. Vous savez, leur dit-il, qu'il est défendu à un Juif de se lier avec un étranger ou d'entrer chez lui ; mais Dieu m'a appris à ne regarder aucun homme comme souillé et impur. 34. Alors Pierre, ouvrant la bouche, dit : En vérité, je reconnais que Dieu ne fait point acception de personnes, 35. mais qu'en toute nation celui qui le craint et qui pratique la justice lui est agréable.

Autres Versets prétextés

a. **Matthieu 15 : 11**, Ce n'est pas ce qui entre dans la bouche qui souille l'homme ; mais ce qui sort de la bouche, c'est ce qui souille l'homme. (Suivez-en le contexte : faire du lavement des mains, un rituel de salut éternel)

b. **1 Corinthiens 10 : 25–31** ; Mangez de tout ce qui se vend au marché, sans vous enquérir de rien par motif de conscience ; 26 car la terre est au Seigneur, et tout ce qu'elle renferme. 27 Si un non-croyant vous invite et que vous vouliez aller, mangez de tout ce qu'on vous présentera, sans vous enquérir de rien par motif de conscience. 28 Mais si quelqu'un vous dit : Ceci a été offert en sacrifice ! n'en mangez pas, à cause de celui qui a donné l'avertissement, et à cause de la conscience. 29 Je parle ici, non de votre conscience, mais de celle de l'autre. Pourquoi, en effet, ma liberté serait-elle jugée par une conscience étrangère ? 30 Si je mange avec actions de grâces, pourquoi serais-je blâmé au sujet d'une chose dont je rends grâces ? 31 Soit donc que vous mangiez, soit que vous buviez, soit que vous fassiez quelque autre chose, faites tout pour la gloire de Dieu.

c. **Romains 14 : 14–17** ; Je sais et je suis persuadé par le Seigneur Jésus que rien n'est impur en soi, et qu'une chose n'est impure que pour celui qui la croit impure. 15 Mais si, pour un aliment, ton frère est attristé, tu ne marches plus selon l'amour : ne cause pas, par ton aliment, la perte de celui pour lequel Christ est mort. 16 Que votre privilège ne soit pas un sujet de calomnie. 17 Car le royaume de Dieu, ce n'est pas le manger et le boire, mais la justice, la paix et la joie, par le Saint Esprit.

d. **1 Timothée 4 : 4, 5** ; Tout ce que Dieu a créé est bon, et rien ne doit être rejeté, pourvu qu'on le prenne avec actions de grâces, 5 parce que tout est sanctifié par la parole de Dieu et par la prière.

e. **Tite 1 : 15**, Tout est pur pour ceux qui sont purs ; mais rien n'est pur pour ceux qui sont souillés et incrédules, leur intelligence et leur conscience sont souillées.

(Les versets indiqués ici dans b, c, d, e, n'ont aucun rapport avec les aliments purs et impurs de Lévitique 11 et de Deutéronome 14. L'explication de tout cela est donnée dans 1 Corinthiens 8 : 7–13).

Quel est le rationnel derrière tous ces versets de Paul ?

a. **1 Corinthiens 8 : 7–13**, Cette connaissance n’est pas chez tous. Quelques-uns, d’après la manière dont ils envisagent encore l’idole, mangent de ces viandes comme étant sacrifiées aux idoles, et leur conscience, qui est faible, en est souillée. 8 Ce n’est pas un aliment qui nous rapproche de Dieu : si nous en mangeons, nous n’avons rien de plus ; si nous n’en mangeons pas, nous n’avons rien de moins. 9 Prenez garde, toutefois, que votre liberté ne devienne une pierre d’achoppement pour les faibles. 10 Car, si quelqu’un te voit, toi qui as de la connaissance, assis à table dans un temple d’idoles, sa conscience, à lui qui est faible, ne le portera-t-elle pas à manger des viandes sacrifiées aux idoles ? 11 Et ainsi le faible périra par ta connaissance, le frère pour lequel Christ est mort ! 12 En péchant de la sorte contre les frères, et en blessant leur conscience faible, vous péchez contre Christ. 13 C’est pourquoi, si un aliment scandalise mon frère, je ne mangerai jamais de viande, afin de ne pas scandaliser mon frère.

Si vous persistez à désobéir aux injonctions divines, vous en paierez les conséquences.

b. **2 Pierre 3 : 16, 17**, (L’Apôtre Pierre identifie les gens qui ont du mal à comprendre cette vérité simple et essentielle et encourage ceux qui la comprennent à tenir bon.) « C’est ce qu’il fait dans toutes les lettres, où il parle de ces choses, dans lesquelles il y a des points difficiles à comprendre, dont les personnes ignorantes et mal affermies tordent le sens, comme celui des autres Écritures, pour leur propre ruine. 17 Vous donc, bien-aimés, qui êtes avertis, mettez-vous sur vos gardes, de peur qu’entraînés par l’égarement des impies, vous ne veniez à déchoir de votre fermeté. »

Conséquences. – (Si vous persistez à désobéir aux injonctions divines, vous en paierez les conséquences).

Ésaïe 66 : 17, Ceux qui se sanctifient et se purifient dans les jardins, Au milieu desquels ils vont un à un, Qui mangent de la chair de porc, Des choses abominables et des souris, Tous ceux-là périront, dit l'Éternel.

La revue « National Geographic, Novembre 2005 » parle du peuple adventiste en ces termes : « À travers la Bible (le corps humain est le temple de Dieu – 1 Corinthiens 6 : 19), l'Église adventiste prône une réforme sanitaire incluant une alimentation saine, l'entretien du corps par l'exercice physique, l'abstinence de boisson alcoolisée, de tabac et toute autre substance nuisible. Plusieurs recherches indiquent que l'espérance de vie des adventistes est supérieure à la moyenne de la population des pays développés (4 ans de plus chez les femmes et 7 ans de plus chez les hommes) – National Geographic, Novembre 2005.

Bénédiction sur celui qui obéit – Et, si vous obéissez aux injonctions divines, voilà la bénédiction qui vous accompagnera) : **1 Thessaloniciens 5 : 23**, Que le Dieu de paix vous sanctifie lui-même tout entiers, et que tout votre être, l'esprit, l'âme et le corps, soit conservé irrépréhensible, lors de l'avènement de notre Seigneur Jésus Christ !

Questions :

1. Voulez-vous faire partie de ceux qui choisissent d'obéir ?
2. Ceux qui mangent de la chair de porc périront ; qu'auriez-vous préféré ? Périr ou abandonner la consommation du porc et des choses abominables ?
3. Dieu se soucie de vous à tous égards. Voulez-vous dire à Dieu que vous lui appartenez maintenant et pour jamais ?

VÉRITÉS SIMPLES ET ESSENTIELLES #6

PRÉPARÉ PAR PASTEUR OTHNEL PIERRE – 2020

LA SAINTE CÈNE

Qui peut participer à la Sainte Cène ?

L'étude qui suit est importante car elle traite d'un sujet qui concerne un élément pratique de notre foi. Comme pour mes autres suggestions d'informations, j'expose ce thème d'une manière très simple. La Sainte Cène symbolise notre acceptation du corps et du sang de Jésus, versé et brisé pour nous. Sondant nos cœurs, nous nous lavons mutuellement les pieds en nous souvenant de l'exemple d'humilité et de service de Jésus. La sainte Cène, (ou « souper » étymologiquement, « fraction du pain », « repas du Seigneur », « la table du Seigneur ») est la participation aux emblèmes du corps et du sang de Jésus ; elle exprime notre foi en lui, notre Seigneur et Sauveur. Lors de cette expérience de communion, le Christ est présent pour rencontrer son peuple et le fortifier. En y prenant part joyeusement, nous annonçons la mort du Seigneur, jusqu'à ce qu'il vienne. La préparation au service de communion implique un examen de conscience, repentance et confession. Le maître a prescrit l'ablution des pieds pour symboliser une purification renouvelée, exprimer une disposition au service mutuel dans une humilité semblable à celle du Christ, et unir nos cœurs dans l'amour. Le service de communion est ouvert à tous les chrétiens.

La Sainte Cène symbolise notre acceptation du corps et du sang de Jésus, versé et brisé pour nous.

Institution de la Sainte cène.

Jn 13 : 1–17, Avant la fête de Pâque, Jésus, sachant que son heure était venue de passer de ce monde au Père, et ayant aimé les siens qui étaient dans le monde, mit le comble à son amour pour eux. 2. Pendant le souper, lorsque le diable avait déjà inspiré au cœur de Judas Iscariot, fils de Simon, le dessein de le livrer, 3. Jésus, qui savait que le Père avait remis toutes choses entre ses mains, qu'il était venu de Dieu, et qu'il s'en allait à Dieu, 4. se leva de table, ôta ses vêtements, et prit un linge, dont il se ceignit. 5. Ensuite il versa de l'eau dans un bassin, et il se mit à laver les pieds des disciples, et à les essuyer avec le linge dont il était ceint. 6. Il vint donc à Simon Pierre ; et Pierre lui dit : Toi, Seigneur, tu me laves les pieds!

7. Jésus lui répondit : Ce que je fais, tu ne le comprends pas maintenant, mais tu le comprendras bientôt. 8. Pierre lui dit : Non, jamais tu ne me laveras les pieds. Jésus lui répondit : Si je ne te lave, tu n'auras point de part avec moi. 9. Simon Pierre lui dit : Seigneur, non seulement les pieds, mais encore les mains et la tête. 10. Jésus lui dit : Celui qui est lavé n'a besoin que de se laver les pieds pour être entièrement pur ; et vous êtes purs, mais non pas tous. 11. Car il connaissait celui qui le livrait ; c'est pourquoi il dit : Vous n'êtes pas tous purs.

12. Après qu'il leur eut lavé les pieds, et qu'il eut pris ses vêtements, il se remit à table, et leur dit : Comprenez-vous ce que je vous ai fait ? 13. Vous m'appelez Maître et Seigneur ; et vous dites bien, car je le suis. 14. Si donc je vous ai lavé les pieds, moi, le Seigneur et le Maître, vous devez aussi vous laver les pieds les uns aux autres ; 15. car je vous ai donné un exemple, afin que vous fassiez comme je vous ai fait. 16. En vérité, en vérité, je vous le dis, le serviteur n'est pas plus grand que son seigneur, ni l'apôtre plus grand que celui qui l'a envoyé. 17. Si vous savez ces choses, vous êtes heureux, pourvu que vous les pratiquiez.

Trois éléments sont importants dans une sainte cène correcte : 1) Le Lavement des pieds qui est un service d'humilité ; 2) Le pain azyme (sans levain) ; 3) Le pur jus de la vigne.

Matthieu 26 : 26–30, Pendant qu'ils mangeaient, Jésus prit du pain ; et, après avoir rendu grâces, il le rompit, et le donna aux disciples, en disant : Prenez, mangez, ceci est mon corps. 27. Il prit ensuite une coupe ; et, après avoir rendu grâces, il la leur donna, en disant : Buvez-en tous ; 28. car ceci est mon sang, le sang de l'alliance, qui est répandu pour plusieurs, pour la rémission des péchés. 29. Je vous le dis, je ne boirai plus désormais de ce fruit de la vigne, jusqu'au jour où j'en boirai du nouveau avec vous dans le royaume de mon Père. 30. Après avoir chanté les cantiques, ils se rendirent à la montagne des oliviers.

Jésus est très soigneux dans l'exemple qu'il nous donne en instituant la sainte cène : 1) Il découvrit le pain, rendit grâce, c'est-à-dire bénit le pain, le rompit, c'est-à-dire, le cassa en morceaux et donna une pièce à chaque disciple. 2) Il découvrit la coupe, rendit grâce, c'est-à-dire bénit le jus de la vigne et le distribua aux disciples.

1 Corinthiens 11 : 20–34, Lors donc que vous vous réunissez, ce n'est pas pour manger le repas du Seigneur ; 21. car, quand on se met à table, chacun commence par prendre son propre repas, et l'un a faim, tandis que l'autre est ivre. 22. N'avez-vous pas des maisons pour y manger et boire ? Ou méprisez-vous l'Église de Dieu, et faites-vous honte à ceux qui n'ont rien ? Que vous dirai-je ? Vous louerai-je ? En cela je ne vous loue point. 23. Car j'ai reçu du Seigneur ce que je vous ai enseigné ; c'est que le Seigneur Jésus, dans la nuit où il fut livré, prit du pain, 24 et, après avoir rendu grâces, le rompit, et dit : Ceci est mon corps, qui est rompu pour vous ; faites ceci en mémoire de moi. 25. De même, après avoir soupé, il prit la coupe, et dit : Cette coupe est la nouvelle alliance en mon sang ; faites ceci en mémoire de moi toutes les fois que vous en boirez. 26. Car toutes les fois que vous mangez ce pain et que vous buvez cette coupe, vous annoncez la mort du Seigneur, jusqu'à ce qu'il vienne. 27. C'est pourquoi celui qui mangera le pain ou boira la coupe du Seigneur indignement, sera coupable envers le corps et le sang du Seigneur. 28 Que chacun donc s'éprouve soi-même, et qu'ainsi il mange du pain et boive de la coupe ; 29 car celui qui mange et boit sans discerner le corps du Seigneur, mange et boit un jugement contre lui-même. 30. C'est pour cela qu'il y a parmi vous beaucoup d'infirmes et de malades, et qu'un grand nombre sont morts. 31. Si nous nous jugions nous-mêmes, nous ne serions pas jugés. 32. Mais quand nous sommes jugés, nous sommes châtiés par le Seigneur, afin que nous ne soyons pas condamnés avec le monde. 33. Ainsi, mes frères, lorsque vous vous réunissez pour le repas, attendez-vous les uns les autres. 34. Si quelqu'un a faim, qu'il mange chez lui, afin que vous ne vous réunissiez pas pour attirer un jugement sur vous. Je réglerai les autres choses quand je serai arrivé.

Le récit de Paul (vers l'an 51) est le plus ancien document que nous ayons sur la sainte cène. En organisant l'Église de Corinthe, l'apôtre avait prescrit la célébration de ce repas commémoratif.

Quand prendre la Sainte Cène ?

Jésus n'a pas précisé quand et à quels intervalles les disciples auraient à prendre la cène. Le commandement « Faites ceci en mémoire de moi toutes les fois que vous en boirez » (1 Corinthiens 11.25) semble pourtant indiquer une célébration fréquente. L'Église Adventiste du 7e jour a prescrit la fréquence trimestrielle. L'élément le plus important de la Sainte Cène est la communion.

Qui peut participer à la Sainte Cène, au repas du Seigneur, à la table du Seigneur ?

1. Ceux qui croient en lui, pour le pardon de leur péché et leur rédemption éternelle : **Rom. 5 : 8**, Dieu prouve son amour envers nous, en ce que, lorsque nous étions encore des pécheurs, Christ est mort pour nous. Christ est mort pour moi.
2. Ceux qui appartiennent au Seigneur, qui sont conscients d'être rachetés par son sang pour être à lui.
   - **1 Corinthiens 7 : 23**, Vous avez été rachetés à un grand prix ; ne devenez pas esclaves des hommes.
   - **Hébreux 9 : 12**, Il est entré une fois pour toutes dans le lieu très saint, non avec le sang des boucs et des veaux, mais avec son propre sang, ayant obtenu une rédemption éternelle.
3. Ses disciples, ceux qui ont reçu sa Parole et ont été baptisés gardent ses enseignements et pratiquent ses instructions. **Matthieu 28 : 19, 20**, Allez, faites de toutes les nations des disciples, les baptisant au nom du Père, du Fils et du Saint Esprit, 20 et enseignez-leur à observer tout ce que je vous ai prescrit. Et voici, je suis avec vous tous les jours, jusqu'à la fin du monde.
4. Ses fidèles qui ont fait alliance avec Lui par le sacrifice, qui demeurent attachés à Lui et le suivent. **Ps. 50 : 5**, Rassemblez-moi mes fidèles, Qui ont fait alliance avec moi par le sacrifice ! – **Conseils divers :**
   - Ne vous privez pas de la bénédiction du repas du Seigneur. 1 Corinthiens 11 : 26, Toutes les fois que vous mangez ce pain

et que vous buvez cette coupe, vous annoncez la mort du Seigneur, jusqu'à ce qu'il vienne.

- Il y a un élément sur lequel nous devrions être des plus vigilants : celui de la moralité des membres du corps de Christ qui participent à la Sainte Cène. Hébreux 10 : 24, « Veillons les uns sur les autres, pour nous exciter à la charité et aux bonnes œuvres. »
- Or, si nous mangeons le repas du Seigneur avec des personnes qui se nomment frères et sœurs, qui vivent ostensiblement dans le péché, que nous le savons et nous taisons, nous nous rendons complices de leur situation. 1 Corinthiens 5 : 11, Maintenant, ce que je vous ai écrit, c'est de ne pas avoir des relations avec quelqu'un qui, se nommant frère, est impudique, ou cupide, ou idolâtre, ou outrageux, ou ivrogne, ou ravisseur, de ne pas même manger avec un tel homme.
- Nous ne devons pas banaliser la Sainte Cène, mais la prendre respectueusement dans la foi, avec reconnaissance et actions de grâces, avec une écoute attentive au Saint-Esprit de Dieu qui parle souvent à ce moment-là. Jean 14 : 25, 26, …25 Je vous ai dit ces choses pendant que je demeure avec vous. 26 Mais le consolateur, l'Esprit-Saint, que le Père enverra en mon nom, vous enseignera toutes choses, et vous rappellera tout ce que je vous ai dit.

Questions :

1. Qui a institué la Sainte Cène, Jésus ou les Apôtres ?
2. Est-ce important de voir les trois éléments – le lavement des pieds, le pain azyme, le pur jus de la vigne – dans une cérémonie de Sainte Cène ?
3. Qu'est-ce qui rend ce service solennel en plus de la présence de Jésus ?

VÉRITÉS SIMPLES ET ESSENTIELLES #7

PRÉPARÉ PAR PASTEUR OTHNEL PIERRE – 2020

EXERCICES DE FIDÉLITÉ

Vous avez sûrement entendu parler de ce chanteur Italien Belge, Salvatore, Knight Adamo (né le 1er Novembre 1943). Google et YouTube peuvent vous aider à en savoir plus sur lui. Il est chanteur compositeur, plus connu pour ses ballades romantiques. L'une de ses chansons disait :

« Mademoiselle, attendez ! Vous emportez mon cœur Dans votre sac à main. Et si vous le gardez Vous ferez son bonheur Et plus encore le mien. » Depuis la chute, le cœur de l'humanité est dans le sac à main du Diable. La seule preuve que l'on peut avoir qu'il a été dédouané par le Christ, c'est votre volonté à donner sans compter, avec fidélité, avec joie, avec empressement et sans murmures pour la cause du Seigneur. Ceci ne peut être possible que par la force plus qu'herculéenne de votre amour pour Jésus, par la foi. Donner pour la cause du Seigneur se traduit en libéralités à 100% de son être, c'est-à-dire de son corps, de son temps, de ses talents et de son argent. Votre cœur est dans le sac à main du Diable. Et s'il le garde, il fera son malheur et plus encore le vôtre. Le Seigneur veut le racheter aujourd'hui. Lui, il fera son bonheur et plus encore le vôtre. Le signe visible que ces quatre notions sont couvertes chez quelqu'un, part de la valeur qu'il/elle accorde à ses revenus et possessions.

Mesure d'un homme

- **Matthieu 6 : 19–21**, Ne vous amassez pas des trésors sur la terre, où la teigne et la rouille détruisent, et où les voleurs percent et dérobent ; 20 mais amassez-vous des trésors dans le ciel, où la teigne et la rouille ne détruisent point, et où les voleurs ne percent ni ne dérobent. 21 Car là où est ton trésor, là aussi sera ton cœur. (Un homme est mesuré à l'aune de son cœur)
- **Proverbes 22 : 7**, Le riche domine sur les pauvres, Et celui qui emprunte est l'esclave de celui qui prête. (Votre volonté à partager, détermine l'état de votre cœur.)
- **L'épisode du jeune homme riche : Matthieu 19 : 16–26**, voici, un homme s'approcha, et dit à Jésus : Maître, que dois-je faire de bon pour avoir la vie éternelle ? 17 Il lui répondit : Pourquoi m'interroges-tu sur ce qui est bon ? Un seul est le bon. Si tu veux entrer dans la vie, observe les commandements.

  Lesquels ? lui dit-il. 18 Et Jésus répondit : Tu ne tueras point ; tu ne commettras point d'adultère ; tu ne déroberas point ; tu ne diras point de faux témoignage ; honore ton père et ta mère ; 19 et : tu aimeras ton prochain comme toi-même. 20 Le jeune homme lui dit : J'ai observé toutes ces choses ; que me manque-t-il encore ? 21 Jésus lui dit : Si tu veux être parfait, va, vends ce que tu possèdes, donne-le aux pauvres, et tu auras un trésor dans le ciel. Puis viens, et suis-moi. 22 Après avoir entendu ces paroles, le jeune homme s'en alla tout triste ; car il avait de grands biens. 23 Jésus dit à ses disciples : Je vous le dis en vérité, un riche entrera difficilement dans le royaume des cieux. 24 Je vous le dis encore, il est plus facile à un chameau de passer par le trou d'une aiguille qu'à un riche d'entrer dans le royaume de Dieu. 25 Les disciples, ayant entendu cela, furent très étonnés, et dirent :

Qui peut donc être sauvé ? 26 Jésus les regarda, et leur dit : Aux hommes cela est impossible, mais à Dieu tout est possible.

- **1 Chroniques 29 : 17**, Je sais, ô mon Dieu, que tu sondes le cœur, et que tu aimes la droiture ; aussi je t'ai fait toutes ces offrandes volontaires dans la droiture de mon cœur, et j'ai vu maintenant avec joie ton peuple qui se trouve ici t'offrir volontairement ses dons.

La preuve de votre amour pour Dieu

- **Proverbes 3 : 9, 10**, Honore l'Éternel avec tes biens, Et avec les prémices de tout ton revenu : 10 Alors tes greniers seront remplis d'abondance, Et tes cuves regorgeront de moût
- **1 Chroniques 29 : 13, 14**, Maintenant, ô notre Dieu, nous te louons, et nous célébrons ton nom glorieux. 14 Car qui suis-je et qui est mon peuple, pour que nous puissions te faire volontairement ces offrandes ? Tout vient de toi, et nous recevons de ta main ce que nous t'offrons.
- **Vœu perpétuel à l'Éternel**. **Genèse 28 : 22**, Cette pierre, que j'ai dressée pour monument, sera la maison de Dieu ; et je te donnerai la dîme de tout ce que tu me donneras.

C'est un ordre pourtant.

- **Exode 35 : 5, 22, 26, 29**, Prenez sur ce qui vous appartient une offrande pour l'Éternel. Tout homme dont le cœur est bien disposé apportera en offrande à l'Éternel : de l'or, de l'argent et de l'airain. Parle aux enfants d'Israël. Qu'ils m'apportent une offrande ; vous la recevrez pour moi de tout homme qui la fera de bon cœur.
- **2 Corinthiens 9 : 7**, Que chacun donne comme il l'a résolu en son cœur, sans tristesse ni contrainte ; car Dieu aime celui qui donne avec joie.
- **1 Corinthiens 4 : 2**, « Du reste ce qu'on demande des dispensateurs, c'est que chacun soit trouvé fidèle
- **Matthieu 23 : 23**, Malheur à vous, scribes et pharisiens hypocrites ! Parce que vous payez la dîme de la menthe, de l'aneth et du cumin, et que vous laissez ce qui est plus important dans la loi, la justice, la miséricorde et la fidélité : c'est là ce qu'il fallait pratiquer, sans négliger les autres choses.

Obéissance. Exode 35 : 20, 21, Toute l'assemblée des enfants d'Israël sortit de la présence de Moïse. 21.

Tous ceux qui furent entraînés par le cœur et animés de bonne volonté vinrent et apportèrent une offrande à l'Éternel pour l'œuvre de la tente d'assignation, pour tout son service, et pour les vêtements sacrés.

Bénédictions qui s'ensuivront

- **Proverbes 11 : 25**, L'âme bienfaisante sera rassasiée, Et celui qui arrose sera lui-même arrosé.
- **Malachie 3 : 7–12**, Depuis le temps de vos pères, vous vous êtes écartés de mes ordonnances, Vous ne les avez point observées. Revenez à moi, et je reviendrai à vous, dit l'Éternel des armées. Et vous dites : En quoi devons-nous revenir ? 8. Un homme trompe-t-il Dieu ? Car vous me trompez, Et vous dites : En quoi t'avons-nous trompé ? Dans les dîmes et les offrandes. 9. Vous êtes frappés

par la malédiction, Et vous me trompez, La nation tout entière ! 10. Apportez à la maison du trésor toutes les dîmes, Afin qu'il y ait de la nourriture dans ma maison ; Mettez-moi de la sorte à l'épreuve, Dit l'Éternel des armées. Et vous verrez si je n'ouvre pas pour vous les écluses des cieux, Si je ne répands pas sur vous la bénédiction en abondance. 11. Pour vous je menacerai celui qui dévore, Et il ne vous détruira pas les fruits de la terre, Et la vigne ne sera pas stérile dans vos campagnes, Dit l'Éternel des armées. 12. Toutes les nations vous diront heureux, Car vous serez un pays de délices, Dit l'Éternel des armées.

Malheur à celui qui trompe Dieu

- **Actes 5 : 9**, Alors Pierre lui dit : Comment vous êtes-vous accordés pour tenter l'Esprit du Seigneur ? Voici, ceux qui ont enseveli ton mari sont à la porte, et ils t'emporteront.
- **Luc 12 : 20, 21** Mais Dieu lui dit : Insensé ! Cette nuit même ton âme te sera redemandée ; et ce que tu as préparé, pour qui cela sera–t–il ? / Il en est ainsi de celui qui amasse des trésors pour lui–même, et qui n'est pas riche pour Dieu.
- **Deutéronome 8 : 17–19**, Garde-toi de dire en ton cœur : Ma force et la puissance de ma main m'ont acquis ces richesses. / Souviens-toi de l'Éternel, ton Dieu, car c'est lui qui te donnera de la force pour les acquérir, afin de confirmer, comme il le fait aujourd'hui, son alliance qu'il a jurée à tes pères. / Si tu oublies l'Éternel, ton Dieu, et que tu ailles après d'autres dieux, si tu les sers et te prosternes devant eux, je vous déclare formellement aujourd'hui que vous périrez.

Conseils salutaires divers

- **Lévitique 27 : 30, 31**, Toute dîme de la terre, soit des récoltes de la terre, soit du fruit des arbres, appartient à l'Éternel ; c'est une chose consacrée à l'Éternel. 31. Si quelqu'un veut racheter quelque chose de sa dîme, il y ajoutera un cinquième. [Ne pas prêter ou emprunter de ce qui a été mis à part pour le Seigneur. Au cas où cela serait arrivé, ajoutez-y ($200.00 : 5 = $40.00 => $240.00)]

- **Luc 12 : 15**, Puis il leur dit : Gardez–vous avec soin de toute avarice ; car la vie d'un homme ne dépend pas de ses biens, fût–il dans l'abondance.
- **Actes 20 : 35**, « Il y a plus de bonheur à donner qu'à recevoir. »
- Apportez les dîmes et les offrandes. « Dîmes » veut dire 10% de vos revenus ; et les offrandes seront données selon la mesure de votre amour et votre foi en Dieu. Certains donnent le même montant que les dîmes, d'autres en donnent la moitié de la valeur des dîmes, et d'autres encore vont au-delà de la valeur des dîmes, comme offrandes. (Des exemples peuvent être donnés à l'Étudiant ou par lui, au cas échéant.)

Questions :

1. Pourquoi devons-nous retourner les dîmes et les offrandes à Dieu ?
2. Quelle promesse Dieu fait-il à celui qui retourne fidèlement ses dîmes et ses offrandes ?
3. Quel vœu perpétuel, voulez-vous faire à l'Éternel ?

EN GUISE DE CONCLUSION

Dans **Jean 10 : 16**, Jésus déclare : « J'ai encore d'autres brebis, qui ne sont pas de cette bergerie ; celles-là, il faut que je les amène ; elles entendront ma voix, et il y aura un seul troupeau, un seul berger. »

Ce recueil peut aider en ce sens. Il peut être utilisé comme instrument ou pour l'Évangélisation personnelle ou pour une semaine d'Évangélisation publique. Nous y avons rassemblé les meilleurs des sujets-clés du Mouvement adventiste pour la satisfaction de tous, Pasteurs et Laïcs dévoués. Le lecteur ou l'Auditeur qui aura adhéré à ces principes, sera un clou planté et scellé dans l'Église par le Christ lui-même. Et il ou elle y sera à l'instar de la maison bâtie sur le roc de **Matthieu 7 : 24, 25**, « C'est pourquoi, quiconque entend ces paroles que je dis et les met en pratique, sera semblable à un homme prudent qui a bâti sa maison sur le roc. 25 La pluie est tombée, les torrents sont venus, les vents ont soufflé et se sont jetés contre cette maison : elle n'est point tombée, parce qu'elle était fondée sur le roc. » Puisse Dieu par son Saint-Esprit vous permettre d'en faire bon usage et qu'ainsi les autres brebis soient amenées au pâturage et qu'il y ait un seul troupeau et un seul Berger. J'ai hâte d'entrer à la maison. Et vous ?

COMMENTAIRES

Ce petit recueil est un outil pratique qui démontre l'importance de l'implication individuelle dans l'évangélisation. Avant tout, il vise à faciliter la tâche de chaque chrétien dans sa mission divine de servir le Maître. Avec ce recueil vous en avez l'assurance et la base essentielle. Au-delà des *campagnes d'évangélisation publiques avec un prédicateur-vedette et quelques assistants-évangélistes qui performent…* Maintenant, point n'est besoin d'être *comme des spectateurs dans un théâtre*. Ainsi, *l'Équipe* ***Glwa Pou Bondye*** se joint à moi pour d'abord féliciter Pasteur Othnel Pierre pour cette initiative, et, vous encourager à faire usage de cette nouvelle ressource.

Dorcéna Dorzilmé, MPA, B.Ed.
Auteur, formateur, coach, conférencier
Président de l'Équipe ***Glwa Pou Bondye***
www.glwapoubondye.com

Selon la Bible, l'un des rôles les plus importants du pasteur est de travailler pour « le perfectionnement des saints en vue de l'œuvre du ministère et de l'édification du corps de Christ ». En produisant cet ouvrage concis, Pasteur Othnel Pierre répond à l'impératif biblique. Il habilite également les membres laïcs à jouer un rôle actif dans la diffusion de l'Évangile en effectuant le ministère de tous les croyants. Pendant trop longtemps, l'Église a dérivé vers la position erronée selon laquelle entreprendre des études bibliques et conduire l'évangélisation est la responsabilité exclusive du pasteur. Ce livret sert d'instrument pour réinitialiser la boussole vocationnelle de l'Église.

Daniel Honoré
Président de la Conférence du Nord-Est
des adventistes du septième jour

FAIRE DES DISCIPLES POUR CHRIST EN SEPT JOURS n'est pas un programme express d'évangélisation. Ce n'est pas non plus la négation des campagnes de masse. C'est le menu d'une vie de disciple qui se prépare à rencontrer le Seigneur Jésus. C'est un menu qui instruit et fortifie. C'est aussi le livret du « retour aux anciens sentiers », à une vie de service pour le Maitre au sein d'un monde postmoderne. Un monde postmoderne qui ne nie pas la religion mais la vide de son essence.

Jean Josué Pierre
Université Adventiste d'Haïti

Le témoignage de la nature rend tous inexcusables quant à la négation de Dieu. Dans son amour, Dieu se sert, en plus du cosmos, des humains, créés à son image, pour proclamer ses Oracles. La désobéissance de l'homme et son éloignement de Dieu ne dissuadent pourtant pas le Très-Haut de maintenir ses relations avec sa création. Dans son élaboration des plans pour son bonheur et sa réhabilitation, adjoints à la rédemption, s'étagent les dons excellents que le Seigneur fait à ses enfants. Heureux bénéficiaire, Pasteur Othnel Pierre privilégie la méthode des publications en cette période de pandémie pour travailler inlassablement à la recherche des âmes assoiffées de l'eau de vie que seul Jésus-Christ donne. Ce recueil : "FAIRE DES DISCIPLES POUR CHRIST EN SEPT JOURS » représente un guide facile conduisant tout lecteur altéré, à la source de cette eau de vie.

Aléus Alcin, Ancien
Mitspa SDA Church

Si l'achèvement de la proclamation de l'Evangile nécessite l'effort conjugué des pasteurs et des laïcs ; toute vraie démarche visant à équiper ces derniers en vue de l'accomplissement de cette tâche est de la plus haute importance et de la plus impérieuse demande. Voilà donc la vision qui a passionné l'esprit du pasteur Othnel Pierre et qui a généré en lui le grand désir d'équiper nos membres en mettant à leur disposition cet ouvrage, FAIRE DES DISCIPLES POUR CHRIST EN SEPT JOURS, un outil apparemment simple, mais cependant assez puissant pour mieux entrainer l'armée du Seigneur à renverser les forteresses du redoutable adversaire en les soumettant au Roi Jésus. Nous louons l'initiative de l'auteur et nous disons : Gloire à Dieu !

Pasteur Yrvain Jean-Philippe
Ph. D.

TEACH Services, Inc.
PUBLISHING
www.TEACHServices.com • (800) 367-1844

www.ingramcontent.com/pod-product-compliance
Lightning Source LLC
LaVergne TN
LVHW050543100826
845148LV00002B/655
* 9 7 8 1 4 7 9 6 1 3 1 3 7 *